本书编委会

主　任： 刘琪琳

副主任： 包文滔　李仁贵

主　编： 刘志鸿

编　委： 刘琪琳　包文滔　李仁贵　刘志鸿
余　涛　李　玫　陈　蓓　晁冲冲
许贤芳　孙　品　钱晓真　申一坦
田　坤　宁　茜

孟加拉国贸易投资法律风险防范指南

中国国际贸易促进委员会云南省分会
云 南 创 启 律 师 事 务 所 编写

法律出版社
LAW PRESS·CHINA
北京

图书在版编目（CIP）数据

孟加拉国贸易投资法律风险防范指南 / 中国国际贸易促进委员会云南省分会，云南创启律师事务所编写. 北京：法律出版社，2025. -- ISBN 978-7-5197-9984-7

Ⅰ. D933.354.8-62

中国国家版本馆 CIP 数据核字第 2025QG8624 号

孟加拉国贸易投资法律风险防范指南
MENGJIALAGUO MAOYI TOUZI FALÜ FENGXIAN FANGFAN ZHINAN

中国国际贸易促进委员会云南省分会
云 南 创 启 律 师 事 务 所 编写

策划编辑 黄倩倩
责任编辑 黄倩倩
装帧设计 臧晓飞

出版发行 法律出版社
编辑统筹 学术·对外出版分社
责任校对 王 皓
责任印制 胡晓雅 宋万春
经　　销 新华书店

开本 787 毫米×1092 毫米 1/16
印张 12 **字数** 210 千
版本 2025 年 2 月第 1 版
印次 2025 年 2 月第 1 次印刷
印刷 固安华明印业有限公司

地址：北京市丰台区莲花池西里 7 号(100073)
网址：www.lawpress.com.cn
投稿邮箱：info@lawpress.com.cn
举报盗版邮箱：jbwq@lawpress.com.cn

销售电话：010-83938349
客服电话：010-83938350
咨询电话：010-63939796

书号：ISBN 978-7-5197-9984-7
定价：58.00 元

凡购买本社图书，如有印装错误，我社负责退换。电话：010-83938349

序　一

云南省贸促会党组书记、会长　刘琪琳

近年来，云南省贸促会深入学习贯彻习近平新时代中国特色社会主义思想和党的二十大精神，充分发挥联通政企、融通内外、畅通供需的独特优势，聚焦贸易投资促进、商事法律服务、参与全球经济治理和应用型智库建设四项主责主业，积极开展提高国际双向投资水平、构建高标准自由贸易网络、完善国际商事法律公共服务体系等工作，持续致力于打造国际化、专业化、枢纽型、平台型、服务型特色更加突出的贸促工作新格局。

为主动融入和服务国家发展战略，加快推进面向南亚东南亚辐射中心和昆明中央法务区建设，促进与南亚东南亚国家贸易投资交流合作，引导企业依法合规、有序开拓南亚东南亚市场，有效防范化解法律风险和矛盾纠纷，云南省贸促会联合有关研究机构、高等院校、律师事务所共同编撰南亚东南亚国家贸易投资法律风险防范指南系列丛书。该丛书分国别编撰，定位为实用型工具书，以“看得懂、能借鉴、优服务、助发展”为编撰目的，既对工作所涉国的基本国情、发展态势作简要介绍，同时也对贸易投资法律环境进行分析，对可能存在的法律风险及防范措施提出建议。

中国和孟加拉国是重要的贸易合作伙伴。近年来，两国在纺织服装、路桥建设、能源、农业等领域合作基础深厚，双边贸易投资规模保持良好增长。为进一步促进中孟贸易投资交流合作，云南省贸促会、云南创启律师事务所联合有关专家、学者编写了《孟加拉国贸易投资法律风险防范指南》。在编写的过程中，得到了社会各界的关心、帮助和支持，在此致以诚挚的感谢。同时，囿于专业水平和工作视野的局限，在编撰过程中还存在不少差距和不足，请各界朋友及时给予批评指导。

衷心期待本书的出版能对致力于推动中孟经贸交流合作的各界朋友有所裨益。

2024 年 11 月

序　二

云南创启律师事务所党支部书记、创始人、
管委会主任　刘志鸿

中孟两国相知相交，友好往来绵延千年。2016 年 10 月，习近平主席对孟加拉国进行了历史性访问，将中孟关系提升为战略合作伙伴关系。2024 年 7 月，哈西娜总理访华期间，两国领导人同意将中孟关系提升为全面战略合作伙伴关系。据悉，双方签署的合作协议涉及金融、投资、贸易、基建、数字经济、灾害管理、双边人文交流等。这展现了两国领导人在推动中孟合作方面的强大政治意愿和有力战略引领，亦折射出中孟之间高水平的战略互信，为下一阶段中孟关系继续提质升级奠定了坚实的基础。

孟加拉国作为“一带一路”倡议和“孟中印缅经济走廊”沿线重要国家，一直以来深受中资企业青睐。孟加拉国的优势主要体现在政府重视、政策优惠、经济增长较快、市场潜力较大、劳动力资源充足且价格低廉等方面。机遇总是与挑战并存，随着中国企业赴孟加拉国进行贸易投资越来越多，各类贸易投资纠纷频发，为帮助中国企业了解和熟悉孟加拉国营商环境，合规有序地开展对外投资合作，有效防范化解各类风险，云南创启律师事务所与中国国际贸易促进委员会云南省分会通力合作，联合汇思达（孟加拉国）咨询与服务有限公司组建了专业的律师团队和优秀的国际经济与贸易领域的专家、学者共同编写本书，希望为有意“走出去”并开展对孟加拉国投资合作的企业提供助力。

云南创启律师事务所前身为“云南聿展律师事务所”，律师事务所于2013年经云南省司法厅批准成立，总部设在中国（云南）自贸试验区法律服务园区内。目前已在曲靖、楚雄、昭通成立分所。依托园区优势资源，荟聚行业精英人才，致力于打造立足于云南本土、放眼全国、辐射南亚东南亚的律师行业品牌。

创启的业务领域包括刑事、行政、金融保险、建筑房地产、知识产权、技术转让、公司筹建、企业投融资、企业清算、企业重组与并购、税务、资产证券化法律设计等各方面的诉讼和非诉讼法律服务。同时，还为政府、高校、上市公司、国有企业、社会团体提供法律顾问服务，并建立了良好的关系。

为了积极践行“一带一路”倡议，致力于为“走出去”企业提供优质高效的法律服务，创启律师事务所开设涉外法律服务中心，依托云南省地缘优势和经年累积的国内外商事法律实践经验，着力于在南亚东南亚等国开设海外分所，目前与孟加拉国、缅甸等南亚东南亚国家及匈牙利、保加利亚等欧洲国家当地相关企业和机构开展涉外法律服务合作，为企业和公民“走出去、引进来”提供全链条法律服务。

2023年，创启律师事务所先后获评云南省律师协会“2023—2025年度专精特新律师事务所”、中共官渡区委组织部“2023年度官渡区先锋示范党支部”；2024年，荣获昆明市律师行业党委“先进基层党组织”、中共昆明市委组织部“2024年度春城先锋示范党支部”荣誉称号，目前正在着力建设“五化律所”。被中国国际贸易促进委员会云南省分会授牌“中国国际贸易促进委员会云南省分会营商环境监测点”，被云南省版权局授牌“云南省版权服务工作站”，被昆明市知识产权保护中心授牌“知识产权维权援助工作站”，与老挝义海律师事务所、昆明市对外经济技术合作协会签约共建“中国昆明—老挝万象‘走出去’企业法律服务中心”。

汇思达（孟加拉国）咨询和服务有限公司是一家扎根于南亚孟加拉国，致力于服务在孟华商，具有丰富的实操经验，配备优良的服务团队，秉承高效的办事理念，提供专业投资咨询的服务型公司。其客户构成以国有企业、中央企业为主，也有民营企业和私营企业，业务领域涵盖电力、工程建设、超市、地产、电商平台、新能源；服装、智能电表、钢铁、包装、发制品、食品、鞋业、箱包等实业生产；通信、物流运输、生物科技、设备租赁安保等服务；化工、陶瓷等当地和国际贸易。现为孟加拉国中资企业协会会员单位、孟加拉国华侨华人联合会会员单位、孟加拉国华侨华人联合会青年委员会秘书长单位、孟中工商业协会（BCCCI）会董单位。

本书的编辑得到了相关人士的大力支持，共分七章。第一章从政治、人文、宗教、地理优势等方面介绍了孟加拉国概况。第二章从宏观经济状况、优势产业、基础设施建设、经济园区与出口加工区入手介绍了孟加拉国的经济现状。第三章从经贸协定、中孟双边贸易、吸引外资等方面介绍了孟加拉国的对外经贸合作。第四章从吸引外国投资的优势、要素成本、金融与证券市场、政府营商环境等方面介绍了孟加拉国投资环境。第五章、第六章、第七章从孟加拉国法律体系入手，分别介绍了外汇、土地、进出口、知识产权、劳动用工、纠纷解决机制等法规及风险防范以及中孟合作中的注意事项，并用7个中国企业在孟加拉国投资的案例，提升中国企业对外投资贸易中的风险防范意识。

因编写团队时间、精力和专业有限，本书或存不足，欢迎社会各界及读者批评指正，并提出宝贵意见。未来，本所将继续依托法律园区优势，不断助力南亚、东南亚贸易法律风险的防范和解决。同时，希望本书能为赴孟加拉国贸易投资的企业、贸易投资的管理部门等提供有益参考，并为有意“走出去”企业更好地应对、防范孟加拉国贸易与投资领域的法律风险助一臂之力。

2024 年 11 月

缩略语对照表

全　　称	简　　称
孟加拉人民共和国 （The People's Republic of Bangladesh）	孟加拉/孟加拉国/孟
外国直接投资（Foreign Direct Investment）	FDI
信息技术（Information Technology）	IT
联合国贸易与发展会议 （United Nations Trade and Development）	贸发会议（UNCTAD）
世界银行（The World Bank）	世界银行
世界经济论坛（World Economic Forum）	WEF
全球投资促进基准 （Global Investment Promotion Benchmarking）	GIPB
IAB 产业（Information Technology, Artificial Intelligence, Biopharmaceutical）	IAB
孟加拉国投资发展局 （Bangladesh Investment Development Authority）	BIDA
一站式服务网站（One Stop Service）	OSS
股份公司和公司注册处 （Registrar of Joint Stock Companies）	RJSC
公司章程（Articles of Association）	AOA
纳税人识别号码（Tax Identification Number）	TIN
非免疫性疾病（Nonimmunological disease）	NID
孟加拉人民联盟（Awami League）	人盟

续表

全　　称	简　　称
进口登记证书（Import Registration Certificate）	IRC
质量监控与进度管理工作任务大纲（Terms of reference）	TOR
达卡南城公司（Dhaka South City Company）	DSCC
出口登记证书（Export Registration Certificate）	ERC
进口许可证（Import permit）	IP
出口促进局（Export promotion bureau）	EPB
南亚区域合作联盟优惠的贸易安排协定（South Asian Preferential Trade Agreement）	SAPTA
南亚自由贸易协定（South Asian Free Trade Agreement）	SAFTA
亚太贸易协定（Asia-pacific Trade Agreement）	APTA
国家税务局（National Board of Revenue）	NBR
孟加拉国小型和家庭工业公司（Bangladesh Small and Cottage Industries Corporation）	BSCIC
增值税（Value-added Tax）	VAT
银行标识号（bank identification number）	bin
“丝绸之路经济带”和“21 世纪海上丝绸之路”	“一带一路”
成衣制品（Ready Made Garment）	RMG
孟加拉国纺织品制造商协会（The Bangladesh Textile Mills Association）	BTMA
化学纤维（Man-made Fiber）	MMF
工程总承包（Engineering Procurement Construction）	EPC
迈门辛地区（Mymensingh）	迈门辛
独立发电厂（Independent Power Producer）	IPP
孟加拉国可持续和可再生能源发展局（The Sustainable and Renewable Energy Development Authority）	SREDA
家庭太阳能系统计划（Solar Home System）	SHS
德国国有开发银行（Kredittatalt fuer Wiederaufbau）	KfW
德国国际合作机构（Deutsche Gesellschaft fürInternationale Zusammenarbeit）	GIZ
全球环境基金（Global Environment Fund）	GEF
基础设施发展有限公司（Infrastructure Development Company Limited ）	IDCOL
政府和社会资本合作模式（Public-Private Partnership）	PPP

续表

全　称	简　称
年度发展计划（Annual Development Programme）	ADP
环境、社会和公司治理（Environmental，Social and Governance）	ESG
中成进出口股份有限公司 （China National Complete Plant Import and Export Corporation Limited）	COMPLANT
质量、健康、安全、环境管理体系 （Quality，Health，Safety，Environment）	QHSE 体系
跟单信用证统一惯例 （Uniform Customs and Practice for Documentary Credits UCP600）	UCP600
电汇与信用证（Telegraphic Transfer + Letter of Credit）	TT + L/C
中国国际经济贸易仲裁委员会 （China International Economic and Trade Arbitration Commission）	CIETAC
国际货币基金组织（International Monetary Fund）	IMF
《与贸易有关的知识产权协定》 （Agreement on Trade-Related Aspects of Intellectual Property Rights）	TRIPs
孟加拉国内河运输公司（Bangladesh Inland Water Transport Corporation）	BIWTC
孟加拉国经济区管理局（Bangladesh Eonomic Zone Authority）	BEZA
孟加拉国出口加工区管理局（Bangladesh Export Processing Zone Authority）	BEPZA
国内关税区域（Domestic Tariff Areas）	DTA
离岸银行业务部（Offshore Banking Unit）	OBU
非居民外币存款（Non-resident Foreign Currency Deposit）	NFCD
孟加拉国高科技园区管理局（Bangladesh Hi-Tech Park Authority）	BHTPA
2021—2041 远景计划 （Perspective Plan of Bangladesh 2021 – 2041）	PP2041
最不发达国家（Least Developed Country）	LDC
中等收入国家（Upper-middle Income）	UMIC
高收入国家（High Income）	HIC
南盟服务贸易协定（SAARC Agreement on Trade in Services）	SATIS
伊斯兰合作组织成员国贸易特惠制度 （Trade Preferential Systemamong the Member States of Theorganization of the Islamic Conference）	TPS-OIC
孟加拉湾多部门技术和经济合作倡议 （Bay of Bengal Initiative for Multi-Sectoral Technical and Economic Cooperation）	BIMSTEC/孟印缅斯泰经合组织

续表

全　称	简　称
孟加拉国股份公司注册处（Registrar of Joint Stock Companies & Firms）	RJSC&F
孟加拉国投资委员会（Board of Investment）	BOI
离岸价格（Free On Board）	FOB
成本加保险费加运费（Cost Insurance and Freight）	CIF
南亚区域合作联盟（South Asian Association For Regional Cooperation）	SAARC
自由贸易协定（Free Trade Agreement）	FTA
孟证券交易委员会（Bangladesh Securifies and Exchange Commission）	BSEC

目 录

第一章　孟加拉国概况

第一节　孟加拉国的地理与历史

【孟加拉国地理位置】

孟加拉人民共和国位于南亚次大陆东北部的恒河和布拉马普特拉河冲积而成的三角洲上。东、西、北三面与印度毗邻，东南部与缅甸接壤，南部濒临孟加拉湾。国土面积约为14.76万平方公里，海岸线长度为550公里。全境85%的地区为平原，东南部和东北部为丘陵地带，平均海拔为300~600米，国土大部分地区海拔低于12米。

【孟加拉国气候条件】

孟加拉国大部分地区属亚热带季风性气候，湿热多雨。全年分为3季：冬季（11月至翌年2月）、夏季（3月至6月）和雨季（7月至10月）。年平均气温为26.5℃。冬季是一年中最宜人的季节，最低温度为4℃，夏季最高温度达45℃，雨季平均温度为30℃。

【孟加拉国的历史简述】

孟加拉地区曾数次建立过独立国家，版图一度包括现印度西孟加拉、比哈尔等邦。16世纪时孟加拉已发展成次大陆上人口最稠密、经济最发达、文化昌盛的地区。18世纪中叶成为英国对印度进行殖民统治的中心。19世纪后半叶成为英属印度的一个省。1947年印巴分治，孟加拉划归巴基斯坦（称“东巴”）。1971年3月东巴宣布独立，1972年1月正式成立孟加拉人民共和国。

第二节　孟加拉国的人口与行政区划

【孟加拉国人口概况】

孟加拉国人口数量居全世界第八位，截至2024年8月人口总数约已达1.72亿。人口密度超过1165人/平方公里，平均寿命为72.6岁。孟加拉族占98%，另有20多个少数民族。孟加拉语为国语，英语为官方语言。伊斯兰教为国教，穆斯林占总人口的88%。

【孟加拉国的行政区域概况】

全国划分为达卡（Dhaka）、吉大港（Chattogram）、库尔纳（Khulna）、拉吉沙希（Rajshahi）、巴里萨尔（Barishal）、锡莱特（Sylhet）、朗普尔（Rangpur）和迈门辛（Mymensingh）8个行政区，下设64个县（Zila），472个分县（Upazila），4490个乡（Union），约6万个村（Mauza）。

孟加拉国首都达卡（Dhaka）属东6时区，与北京2小时时差，位于恒河三角洲布里甘加河北岸，是全国政治、经济、文化中心，也是全国最大的城市以及南亚的主要城市之一，人口1600多万，被称为"清真寺之城"（City of Mosques）。达卡历史悠久，建于15世纪，20世纪初成为商业和学术中心，1947年成为东孟加拉省省会，1956年为东巴基斯坦首府，1971年在孟加拉国独立战争中受到严重破坏，东巴基斯坦独立后，改称孟加拉国。市区位于海拔6～7.5米的冲积阶地上，郊区为肥沃的三角洲平原。产黄麻、稻米、甘蔗、油菜籽等作物。与其南16公里的河港纳拉扬甘杰连成一片，为全国最大的工业中心和全国最大的商品集散地。有棉纺、黄麻、食品加工、造纸等工业。传统产品有刺绣、丝织品、珠宝等。交通发达，为全国铁路、公路和内河航运枢纽，与国内吉大港等地和国外都有航空联系。市内多古建筑和清真寺。设有达卡大学、工业和技术大学、农业大学、核科学训练与研究中心和图书馆。娱乐设施有运动场和拉姆纳公园。市东南12公里有纳拉扬甘杰工业卫星城，为河港和黄麻工业中心。

吉大港市（Chittagong）是孟加拉国最大的港口城市和全国第二大城市，人口超760万。吉大港位于孟加拉湾东北岸，距戈尔诺普利河下游右岸的希达贡达丘陵脊上河口16公里。吉大港是天然良港，建于16世纪，有28个码头，泊位吃水深6.4～8.5米。有现代化装卸设备。海轮可沿卡纳富利河入港，航道宽198～274米。工商业发达。有棉纺、麻纺、茶叶加工、炼油、钢铁、造纸、人造纤维、玻璃、肥料等厂和水电站。孟加拉国

80% 的国际贸易及 40% 的工业产值均产生于吉大港。云南省昆明市就是吉大港友好城市之一。

第三节　孟加拉国的政治制度与政府机构

【政体】

孟加拉国属于单一议会制立宪共和国。实行议会民主制，总统为国家元首，总理为内阁首脑。大选每 5 年举行一次。在议会选举中，获得半数以上席位的政党或政党联盟组阁，该政党的首领将担任政府总理。

【宪法】

《孟加拉宪法》① 于 1972 年议会通过并生效。1982 年 3 月军管后，宪法中止实行。1986 年 11 月恢复执行宪法。截至 2013 年，该宪法共经过 16 次修改。第 16 次宪法修正案主要内容是取消看守政府制度。

【议会】

孟加拉国议会实行一院议会制，即国民议会（Jatiya Sangsad），是孟加拉国的最高立法机关。宪法规定议会行使立法权。《孟加拉国宪法》第 66 条规定，年满 25 岁的孟加拉国公民有资格担任国会议员，但不得拥有双重国籍。议会有 350 名议员，其中 300 名按选区直接由选民选举产生，50 名席位专门为女性保留，由当选议员间接产生。议员每届任期 5 年，可无限次连任。议会设正、副议长，由议员选举产生。多数党（或执政联盟）的领袖将成为孟加拉国的总理。

【国家元首】

孟加拉国现任总统是穆罕默德·谢哈布丁·楚普（Mohammad Shahabuddin Chuppu），生于 1949 年，人盟资深党员，曾参与孟独立战争，担任过人盟中央顾问委员会成员、反腐败委员会专员、宣传和出版委员会主席等重要职务。2023 年 4 月 24 日宣誓成为孟加拉国第 22 任总统。2023 年 4 月 24 日就任，任期 5 年。

---

① 参见中国商务部全球法律网。

【内阁首脑】

孟加拉国现任总理是谢赫·哈西娜（Sheikh Hasina），1947 年生，孟加拉达卡大学文学学士。系孟加拉开国总统穆吉布·拉赫曼（Mujibur Rahman）的长女，长期从事政治活动，自 20 世纪 80 年代起担任人盟主席。曾于 1996～2001 年出任总理。2008 年 12 月 30 日，孟举行第九届议会选举，人盟领导的大联盟胜出，哈西娜再度执政。2014 年第 3 次出任总理，2019 年第 4 次出任总理，并于 2024 年再次连任。

【政府】

总统任命在议会得到多数支持的议员为总理，总理是内阁首脑，行使国家最高行政权力，以总理为首的内阁集体向议会负责。孟加拉国宪法曾规定，一届政府 5 年任期结束后，把权力移交给一个中立的看守政府，看守政府在 3 个月内组织下届大选。看守政府由一名首席顾问（相当于总理）和 10 名顾问（相当于部长）组成。总统负责任命看守政府首席顾问和顾问。2011 年 6 月 30 日，孟加拉国议会通过宪法第十五修正案，废除看守政府制度，允许执政的政党政府组织大选，大选须在议会解散前 90 天内举行。2024 年 1 月 7 日，孟新一届内阁在总统府宣誓就职，人盟主席谢赫·哈西娜第 5 次出任内阁总理，成为孟第一位在职达 20 余年的总理。

第四节　孟加拉国的宗教与文化习俗

一、孟加拉国宗教信仰情况概述

伊斯兰教作为孟加拉国的国教，穆斯林约占总人口的 88%，印度教约占总人口的 7.95%。另有少数的无宗教信仰人士、佛教徒、基督教徒以及其他宗教信仰者。

二、孟加拉国的文化与节日

【文化习俗】

穿着：孟加拉国妇女传统服装是纱丽。在农村无论婚否，妇女都穿纱丽，在城市已婚妇女穿纱丽，未婚姑娘则多穿衣裤。孟加拉国的男子上班通常只穿一件衬衣和长裤，会见客人则穿轻便套装，在正式社交场合穿着较为讲究，多是西装革履。

饮食习俗：孟加拉国人以米饭为主，喜欢甜食。本地人除了在高级饭馆或正式社交场合使用西餐刀叉外，平时一般用右手抓食。男性与女性分开就餐，妇女通常在男子吃过饭之后才用餐。在吃饭过程中，不可以把食物从一个人的盘子中转移到另一个人的盘子中。

商务礼仪：与孟加拉国商人初次见面，一般要交换名片，交换名片时应右手接送。在谈判时，孟加拉国商人若含糊地回答你的建议和问题，通常意味着不同意，孟加拉国人都回避直接用“不”字作回答。在商务见面时要按时到达，会谈时，会给对方糖、奶茶，对此不宜拒绝。

禁忌：孟加拉国人大多数信奉伊斯兰教，他们恪守禁酒的教规，不饮酒，也禁食猪肉，还忌讳谈论有关猪的话题。

【节假日】

2 月 21 日烈士日（Shaheed Dibash）、3 月 26 日独立日（Independence Day）、8 月 15 日国民哀悼日（National Mourning Day）；12 月 16 日胜利日（Victory Day）、孟历新年、开斋节（Eid-ul-Fitr）及宰牲节（Eid-ul-Azha）。实行每周 5 天工作制，周五、周六为公休日。

第五节　中国与孟加拉国的关系

1975 年 10 月 4 日，中国与孟加拉国正式建立外交关系。建交后，两国友好合作关系一直健康、顺利地向前发展。双方在政治、经济、军事、文化等各个领域进行了卓有成效的合作，在一系列重大国际和地区性问题上看法基本一致，在国际事务中密切配合。近年来，“两国高层领导互访频繁，孟加拉国齐亚·拉赫曼总统、艾尔沙德总统、卡莉达·齐亚总理、哈西娜总理曾多次来访；中国李先念主席、李鹏总理、钱其琛副总理兼外长、吴邦国副总理、李鹏委员长、朱镕基总理、贾庆林政协主席、温家宝总理、刘延东副总理、习近平主席曾先后访孟”。①

① 参见《孟加拉国简介》，载商务部网站，https://bd.mofcom.gov.cn/mjlgjj/art/2019/art_bab4221e2f4d4176b68b24463f527396.html，最后访问日期：2024 年 11 月 20 日。

第二章　孟加拉国的经济现状

孟加拉国自独立以来，经济发展历程充满了曲折与挑战。然而，在政府的不懈努力下，孟加拉国经济逐渐实现了稳定增长。特别是在近年来，孟加拉国政府实施了一系列经济改革措施，有效地促进了经济的快速增长。

本章首先介绍近年来孟加拉国的宏观经济状况。之后对孟的优势产业进行介绍；基础设施作为外资企业最为关注的信息之一，本章花费较大篇幅对孟的基础设施建设情况进行分析；经济园区与出口加工区作为孟吸引外资的优惠政策；本章也对其具体的优惠进行了列举。最后对孟未来的经济发展规划进行了介绍。希望通过本章的介绍，能够为有意向在孟加拉国投资的中资企业提供有价值的参考和决策依据。

第一节　宏观经济状况

近年来，孟加拉国的经济增长表现亮眼，成为南亚地区乃至全球经济增长的亮点。在过去的几十年里，孟加拉国一直致力于经济发展，通过不断改革和开放，吸引外资和技术，推动工业化进程。这些努力为孟加拉国的经济增长奠定了坚实的基础。

根据 IMF2009 年的数据，孟加拉国为世界第 63 大经济体。2018 年，孟加拉国成为世界第 43 大经济体。2023 年，孟总理哈西娜在美国哥伦比亚大学的研讨会上发表讲话时表示，孟已成为世界第 35 大经济体，到 2037 年将成为第 20 大经济体，到 2026 年将成为发展中国家，并正在努力到 2041 年建设成为一个繁荣、智慧的孟加拉国。

一、国内生产总值情况

从历史上看，孟加拉国在2010～2020年的年增长率超过6%。2022～2023财年①，根据孟加拉国国家统计局的数据显示，第一季度GDP实现了9%的增长，第二季度增速放缓至7.77%左右，第三季度骤降至2.04%。孟国家统计局估计，孟2022～2023财年GDP增长率约为6.03%。2017～2022年国内生产总值情况见表2－1。

表2－1　2017～2022年国内生产总值（GDP）

年份	GDP/十亿美元	人均GDP/美元
2017	293.8	1815.6
2018	321.4	1963.4
2019	351.2	2122.1
2020	373.9	2233.3
2021	416.3	2457.9
2022	460.2	2688.3

资料来源：世界银行。

二、产出结构情况

在过去半个世纪里，孟加拉国经济经历了深刻的结构变革。独立之初，该国经济以农业为核心，农业占GDP的60%，工业和服务业的比重相对较小。然而，时至2022年，农业占比已降至11.7%，而工业和服务业的占比则分别上升至35.3%和53.1%。伴随着经济结构的转型，孟加拉国的就业格局也发生了显著变化。尽管仍有约40%的劳动力从事农业生产，但制造业已逐渐成为该国就业的主导领域。2017～2022年产出结构见表2－2。

表2－2　2017～2022年产出结构（占国内生产总值的百分比）

单位：%

产业	2017年	2018年	2019年	2020年	2021年	2022年
农业	13.6	13.1	12.5	12.4	12.1	11.7
工业	32.7	33.5	34.3	34.1	34.6	35.3
服务业	53.8	53.4	53.2	53.4	53.3	53.1

资料来源：亚洲开发银行。

① 孟加拉国的财政年度为上年7月1日开始至次年6月末为止，与世界银行和其他国际机构以自然年度计算有所区别。

三、失业率

依据孟加拉国统计局的数据，2022 年，孟加拉国的失业率达到了 3.53%，其中，青年失业问题显得尤为严峻。全国 15～29 岁的青年群体约有 2690 万人，而其中失业人数高达 215 万，失业率达到 8%。值得注意的是，在这些失业的青年群体中，近 80 万为大学毕业生。数据显示，学历越高，失业问题反而越发严重。

四、外汇储备

根据 IMF 审查的统计，截至 2023 年，孟外汇储备为 135.3 亿美元，远低于 IMF 设定的贷款底线。

五、通货膨胀①

根据世界银行的数据，2023 年孟加拉国的通货膨胀率为 9.9%，较 2022 年的 5.05% 大幅增加。

六、债务情况

根据世界银行发布的《2023 年国际债务报告》，在过去 10 年里，孟外债总额增长近 3.5 倍，达到 970.1 亿美元。世界银行对此情况表示关切，强调应予以密切关注。报告指出，海外短期及长期信贷在一年内增加了 55.34 亿美元，增幅为 6.05%，债务总额占国民总收入（GNI）的 20.3%。具体而言，长期债务为 755 亿美元，短期信贷为 185.3 亿美元，IMF 贷款为 29.8 亿美元。在长期外债中，公共部门贷款总额为 676.1 亿美元，私营部门贷款为 78.9 亿美元。孟加拉国在 2022 年共计偿还 61.9 亿美元的长期债务，其中本金 51.5 亿美元，利息 10.4 亿美元。

2023 年，孟加拉国获得了 IMF 的贷款，以增加其外汇储备。IMF 执董会批准了 33 亿美元的“扩展信贷安排”/“扩展基金”和 14 亿美元的“韧性和可持续性基金”。这项为期 42 个月的计划将有助于维护宏观经济稳定，保护弱势群体，促进包容性和绿色增长。

当前，全球贷款利率持续攀升，然而我国向孟加拉国提供的贷款利率保持固定且较低，低于该国其他援助国家以及世界银行、亚洲开发银行、亚洲基础设施投资银行等多边组织。我国贷款利率为 2.0%，而孟加拉国其他发展伙伴的平均利率约为 7.0%。根据

① 按 GDP 平减指数衡量的通货膨胀（年通货膨胀率）。

经济研究与发展部门（ERD）的数据，2012～2023 财年，我国已确认向 22 个项目提供优惠贷款，总金额达 72.5 亿美元。ERD 官员指出，我国贷款利率低且波动较小，是目前孟加拉国的优选方案。我国持续为孟加拉国项目提供资金支持，助力该国经济发展。过去，孟加拉国的多边援助主要来自世界银行和亚洲开发银行，双边援助主要来自日本。如今，我国资金为孟加拉国的发展提供了新的选择。

七、主权债务评级情况

2023 年 5 月美国国际信用评级机构穆迪（Moody's）将孟加拉国的主权评级从此前的 Ba3 下调至 B1。值得注意的是自 2010 年这家美国金融服务公司开始对孟加拉国进行信用评级以来，这是该公司首次下调该国的长期评级，该评级从 2010～2022 年一直稳定在 Ba3。但在这之前一周，另一家全球评级机构标准普尔（S&P）根据其指数系统，将孟加拉国的评级定为 BB－，长期前景为负面，短期评级为 B。

第二节　优势产业介绍

孟加拉国拥有多元化的优势产业，涵盖了农业、服务业和工业等多个领域。

孟加拉国很长时间以来是一个农业为主的国家，但随着经济的发展，产业结构也不断调整，第一产业在国民经济中的比重不断下降，从 20 世纪 70 年代初的 59% 下降到 2022 年的 11.7%。表 2－3 是孟加拉国就业人员的行业分布状况。从就业人员结构的变动来看，也看得出农业就业人员占比不断下降，工业和服务业的就业人员的占比逐渐增长。

表 2－3　孟加拉国就业人员行业分布

单位：%

行业	2017 年	2018 年	2019 年	2020 年	2021 年
农业就业人员（占就业总人数的百分比）	40.60	39.42	38.33	37.87	37.09
服务业就业人员（占就业总人数的百分比）	38.98	39.91	40.73	40.88	41.20
工业就业人员（占就业总人数的百分比）	20.42	20.67	20.94	21.25	21.71

资料来源：世界银行。

本节针对孟加拉国特色的几个优势产业进行介绍。

一、纺织业

纺织业是孟加拉国的传统优势产业，其发展历程可以追溯到 20 世纪。纺织业由针织品、成衣、专门纺织品 3 个部门构成，这也是孟加拉国首屈一指的出口创汇产业。孟加拉国拥有丰富的原材料资源，如棉花、丝绸和麻等，为纺织业的发展提供了有力保障。此外，孟加拉国还拥有庞大的劳动力资源，劳动力成本相对较低，使纺织产品在国际市场上具有较强的竞争力。目前，孟加拉国的纺织业已经成为全球最大的成衣出口国之一，其产品远销世界各地。

二、黄麻种植业

黄麻，作为孟加拉国的主要经济作物，是一种长而柔软、有光泽的植物纤维，可纺制成粗而结实的线。在印度次大陆，黄麻的种植历史悠久，其纤维广泛应用于制作绳索、纺织品，并出口至欧洲和中东。黄麻这一纤维原料具有广泛的应用价值，可用于多种产品的生产。

黄麻最常见的用途是制成粗麻布，这是一种粗糙的机织织物，适用于制成麻袋、袋子和包装材料等。此外，黄麻还用于生产地毯、垫子和油毡。作为一种复合材料的增强材料，黄麻纤维可用于制造汽车零件和建筑材料。同时，黄麻还可用于造纸及作为生物燃料的来源。近年来，黄麻因其可持续和环保的特性而日益受到青睐。例如，黄麻袋已成为塑料袋的流行替代品，因其可生物降解且可重复使用。在时尚领域，黄麻产品也逐渐崭露头角，设计师们将黄麻面料应用于服装、鞋类和配饰的制作。

孟加拉国被誉为“黄麻之国”，黄麻也一直以来都是该国的重要经济作物之一。孟总理还宣布黄麻制品为 2023 年“年度产品”，并据此成立了“黄麻产品商业促进委员会”（JPBPC），以推动黄麻产业的发展。据孟商务部部长表示，孟加拉国在全球黄麻出口收入中占比高达 72%，黄麻袋需求从现有 1 亿塔卡增至 7 亿塔卡，其他黄麻制品需求也已超过 10 亿塔卡。

三、水产业

孟加拉位于南亚次大陆，南接孟加拉湾，位于恒河和布拉马普特拉河下游冲击而成的三角洲地带。该国拥有丰富的水产品资源，包括各种淡水鱼、海鱼、淡水虾、海虾等，据孟渔业部门的数据，全国共拥有 260 种淡水鱼、475 种海鱼、24 种淡水虾、36 种海虾和 12 种外来鱼。全国约 60% 的动物蛋白摄取依赖于水产品，这表明水产业在该国经济和社会发展中占有重要地位。

孟加拉国的水产业是其优先发展的领域之一，政府对水产业的发展目标旨在提升水产品资源和产量，借助创业扶贫的方式，提高渔民的社会经济地位，以满足国内对动物蛋白的巨大需求并实现出口创汇。虽然孟加拉国的水产业面临优质原料短缺、生产技术滞后、生产环境欠佳以及产品信誉不足等问题，但是只要采取有效的解决措施，该产业仍具备较好的发展潜力。近年来，海洋渔业也逐渐得到了孟加拉国政府的重视，政策将更加明确，发展环境将更加透明，这也有利于我国渔业企业进入孟加拉国市场。

四、其他行业

依据孟加拉国财政部的数据，孟加拉国医药产业发展迅猛，国内药品自给率已达到98%。全国有267家药厂生产26,910种药品，药品和药品原料已经出口到包括美国、英国等发达国家在内的147个国家和地区。2015年11月，贸易相关知识产权委员会决定将药品专利豁免期限延长至2033年1月1日，涵盖孟加拉国等LDC，届时可视情况决定是否进一步延长。这一决策有利于孟加拉国医药产业的持续稳定发展。

此外，孟加拉国人口众多，因此劳动密集型的轻工业也具有优势。孟约有4000家小型轻工企业，年产值约1.2亿美元，生产近1万种产品，产品种类包括：进口替代用机器备件、机器及零部件、小型工具、玩具、消费品、纸产品及自行车等。

第三节　基础设施建设情况

根据联合国及经济合作与发展组织的相关定义，基础设施是一个国家或地区内的公共工程系统。基础设施投资是指公共和私营部门对能够在长期内支持经济可持续增长的固定的、不可移动的资产投资。从经济性质上看，基础设施强调其公共产品属性；从具体行业上说，本节所指的基础设施包括：能源（电力）、交通（铁路、公路、机场、港口）、通信、水务（供水和污水处理）、公共卫生等。

孟加拉国基础设施相对薄弱，但随着经济的快速发展，孟加拉国的基础设施建设已无法满足其经济快速扩张的需求，随着哈西娜政府倡导的“八五”计划和《2041愿景计划》的开展，孟加拉国持续加强在基础设施领域的投入，并吸引大量外资持续流入，对经济长期增长形成支撑。基础设施建设投入占GDP比重逐年攀升，尤其在电力和交通领域表现抢眼。在电力方面，随着城市化进程的加速和制造业的蓬勃发展，孟加拉国电力需求增速迅猛，供需矛盾日益突出。为满足经济发展对新增电力产能的迫切需求，电力项目将持续增长。在交通领域，首都达卡及重要港口城市吉大港周边交通路网的完善，助力公路交通发展势头强劲。此外，新冠疫情带来的公共卫生挑战使孟加拉国政府对国内自来水处理、卫生设施等公共卫生基础设施建设的重视程度空前提高。当前中孟基础设施领域合作重点项目较多，主要涉及电力和公路等领域，随着孟中印缅经济走廊的持续推进，未来两国在基础设施领域的合作仍有较大提升空间。

一、基础设施领域现状

（一）电力

截至2022年4月10日，孟加拉全国发电总装机容量达到22,348兆瓦，最大用电功率为14,008兆瓦。全国发电总装机容量分布如下：天然气占50.75%，为11,342兆瓦；燃油占28.32%，为6329兆瓦；柴油占5.77%，为1290兆瓦；燃煤占7.91%，为1768兆瓦；光伏占1.02%，为229兆瓦；进口电力占5.19%，为1160兆瓦；水电占1.03%，为230兆瓦。根据孟加拉政府规划，预计到2030年，全国用电量将增至33,708兆瓦时。

制造业，以成衣出口为典型，是推动孟加拉国经济增长的主要动力。然而，在从农业大国向制造业强国的转型过程中，电力供应短缺已成为制约其经济发展的重要"瓶颈"之一。与此同时，随着经济的稳定高速发展，孟加拉国的人均电力消耗也在不断上升，对电力设施的需求日益旺盛。2022年5月，随着中国承建的帕亚拉2×660兆瓦超超临界燃煤电站的商业运营，孟加拉国实现全国100%通电。根据《2016年孟加拉国电力部门总体规划》，孟加拉国有潜力通过可再生能源产生总计36亿瓦时（GWh）的电力。另一项研究显示，仅风力发电的潜力便达到20亿瓦（GW）。

孟加拉国政府高度重视电力基础设施建设，将电力发展列入特别关注产业范畴，并提供税收优惠以鼓励私人资本和外国资本投资电力行业。在相关政策的推动下，2022年孟加拉国电网覆盖率升至100%，成为南亚地区第一个实现电力全面覆盖的国家。

近年来，孟加拉国政府致力于推广可再生能源，装机容量逐步提高。据孟加拉国能源部下属电力发展局（BPDB）统计数据显示，2020~2021财年，孟加拉国全国发电量约为804,23GWh（包括8103GWh进口用电），人均发电量及用电量分别为475KWh和422KWh。然而，受资源禀赋及历史能源产业布局制约，孟加拉国当前电力结构失衡，过度依赖煤油气等传统化石能源，而绿色低碳的可再生能源发电占比仅约为1%。根据世界银行全球基础设施投资数据库（Private Participation in Infrastructure，PPI）的统计，大多数国家新增可再生能源投资率为100%，但孟加拉国不仅未达到100%，甚至其在传统项目上的投资还高于可再生项目。根据孟加拉国最新发布的第八个五年计划（2021~2025），政府旨在到2025年末将可再生能源发电占比提升至10%。从项目建设情况来看，受"双碳"目标影响，孟加拉国于2022年取消了多个燃煤电站项目计划，但继续推动总装机容量超4500MW的三座燃气电站建设，未来一段时间天然气仍将是孟加拉国的主要电力来源。

根据孟加拉国国家自主贡献（INDC）的承诺，到2041年，将可再生能源份额提高到 17%，并在 2030 年减少 5% 的温室气体排放。自 2018 年起，孟加拉国在首都达卡西北 200 公里（120 英里）的帕布纳区鲁普普尔建设 2400 兆瓦的核电站——鲁普普尔核电站，将是该国第一座核电站。该工程的建设拨款为 2 万亿塔卡，成为单个项目中投资最高的一个。为减少对进口天然气的依赖，进一步提高本国供电安全性；加之光照资源充足、沿海地区风力资源丰富，孟加拉国政府积极推动可再生能源电站建设，以期优化本国电力结构。根据 Fitch Solutions 相关数据，2022 年孟加拉国共新建两个光伏发电站和一个风力发电站，总发电能力超过 300MW。2022 年可再生能源部分项目情况见表 2－4。

表 2－4　2022 年可再生能源部分项目情况

单位：百万美元

序号	项目	金额
1	贾木纳河太阳能设施（杰马勒布尔市，迈门辛大区）	158
2	查卡利亚县风力发电项目（科克斯巴扎尔市，吉大港大区）	120
3	索娜噶吉太阳能发电站（芬尼市，吉大港大区）	116

资料来源：Fitch Solutions 数据库。

（二）交通基础设施

孟加拉国交通基础设施较为落后，经过多年发展，基本形成以内河运输为主的包括水运、公路运输、铁路运输和航空运输的运输体系。孟加拉国目前的公路和铁路网络欠发达，尤其是城市高速公路和交通系统相对落后，造成了首都达卡等城市出现严重的交通拥堵。孟加拉国的国内运输在很大程度上依赖于内陆水道、河流和运河，承载着 50% 以上的干线货运和 25% 的客运。此外，缺乏深水港也限制了其出口潜力，国际运输通道方面，孟加拉国现有港口多为浅水港，船只需要等待有利潮汐才可进出港口，港口运行效率较低且成本较高。

1. 水运

孟加拉国境内的河流总长度约为 24, 000 公里，约占其表面面积的 7%。该国大部分地区由复杂的水路网络连接，在季风时期达到更广泛的规模，承载了超过 50% 的干线货运和 25% 的客运总量。在河流总里程中，有 6000 公里可在季风季节供现代机械化船只通行，其中约 3800 公里全年可通航。数以十万计的乡村船只则可以在更为细窄的水道使用，作为数百年来在内陆和沿海水域航行的传统船只，它们是农村地区货物和人员的运输工具，发挥着关键作用。其主要港口包括：吉大港，年吞吐量为 1011. 3 万吨；蒙格拉港，年吞吐量为 280 万吨（见表 2－5）。

表 2-5 孟加拉国的航运信息

类别	内容	
内河航道长度	24,000 公里	
通航航道长度	季风季节（4 月至 9 月）	5968 公里
	旱季（10 月至次年 3 月）	3865 公里
	最小可用深度范围	3.90～1.50 米
	年排水量	14,000 亿立方米
	年淤泥量	25 亿吨
	载客量/年	8780 万
	载运量/年	58 万吨

资料来源：孟加拉国经济管理区。

孟加拉国政府成立了孟加拉国内陆水运管理局（BIWTA），负责维护港口和航道的通航性，而邦立的 BIWTC 在该邦内陆水道和沿海地区提供客运和货运服务。

2. 公路

根据孟加拉国交通部的数据，全国公路总里程约为 2.24 万公里，其中包括国家公路 3944 公里，地区公路 4883 公里，以及支线公路 1.36 万公里。全国累计拥有桥梁 4404 座，总里程达到 178,497.60 公里，涵洞 14,814 座，总里程达到 31,831.13 公里。然而，孟加拉国的交通基础设施状况较差，缺乏市内轨道交通，首都达卡市尚未建立完善的交通信号系统，导致道路拥堵。据当地研究机构研究，每年因拥堵造成的损失高达 3700 亿塔卡，相当于国家预算的 11%。

为了改善孟加拉国的交通运输状况，政府在 PP2041 和“八五”计划中都将扩大交通基础设施建设作为重点。规划建设的项目包括一批重要的公路、铁路、港口和城市轨道交通，以提高交通运输效率。这些规划以首都达卡和主要港口吉大港为核心，积极推进达卡与周边城市的轨道交通、达卡至第二大城市吉大港的高速公路，以及达卡市内地铁、绕城高速公路等项目的建设。同时，对吉大港和蒙哥拉港进行升级改造，新建帕亚拉港，以达卡和吉大港为核心，构建辐射周边的基础设施体系。2020～2023 年孟加拉国交通行业新增私人投资情况见表 2-6。

表 2-6 2020～2023 年孟加拉国交通行业新增私人投资

单位：百万美元

年份	项目	金额
2020	达卡高架高速	861
2022	哈体杰—阿木利亚—德木拉快速路	377.53

资料来源：世界银行 PPI 数据库。

3. 铁路

孟加拉国境内现有铁路 2884.67 公里，运营里程 2655.93 公里，有米轨、宽轨和套轨三种类型。孟加拉国铁路公司是孟加拉国的国营运输机构，负责运营和维护全国铁路网，在多轨网络中运营着国际、城际和郊区铁路系统。

4. 空运

1985 年，孟加拉国政府根据《孟加拉国民用航空管理局（CAAB）条例》成立了孟加拉国民用航空管理局，民用航空管理局是孟加拉国所有航空相关活动的监管机构，其管理和维护 3 个国际机场、7 个国内机场（其中 2 个未使用）和 4 个短距起飞和降落港口，以便航空公司在必要时，特别是在危急时刻提供便利。在已经使用的 8 个机场中，有 3 个国际机场，分别是达卡国际机场、吉大港国际机场、锡莱特国际机场。

目前，中国至孟加拉国首都达卡的航空线路有两条，一条是由中国东方航空公司运营的北京—昆明—达卡航线；另一条是由中国南方航空公司和孟加拉优速航空公司分别运营的广州—达卡航线。

（三）数字基础设施

从细分市场来看，孟加拉国电信市场主要分为固定网络服务与移动网络服务。孟加拉国的固定网络服务主要分为家用电话服务、公共电话服务、国内长途呼叫服务。固定网络服务由孟加拉电信有限公司（BTCL）所主导。移动网络服务方面，由三大外资私有运营商和一家国有运营商组成，分别是 Grameenphone（挪威电信）、Robi（马来西亚亚通集团）、Banglalink（VEON 跨国电信运营商，俄罗斯资本）和 Teletalk（国有）等。

从业务结构来看，随着通信技术的迅猛发展与互联网宽带的普及，移动网络对固定网络的替代效应日趋明显。根据《全球联接指数 2020 白皮书》（GCI 指数报告），截至 2020 年，孟加拉国全球联接指数排名 73 位；移动用户数达到 1.74 亿人次，渗透率 100%，MBB 用户数 1.06 亿人次，渗透率 61%，4G 用户数 4970 万人次，渗透率 28%。

二、基础设施领域发展前景

全球经济疲软、国内通货膨胀加剧和建筑成本高等因素对孟加拉国的经济增长前景造成了影响，导致其基建行业发展面临一定的压力。尽管经济放缓，孟加拉国不断增长的人口数量和不断上升的城市化率，要求不断扩大容纳日益增长的城市人口所需的新基础设施规模，这将拉动对交通、公用事业和房屋建设的投资需求。与此同时，孟加拉国制造业和出口领域的增长也要求加大对交通和电力领域基础设施的投资。在政府扩张性发展计划的推动下，孟加拉国将在未来几年继续为基建行业提供强有力的支持。

据世界三大信用评级机构之一——惠誉的预测，孟加拉国2023年的基建行业预计将增长6.7%。更值得注意的是，在2023~2032年间，该国基建行业的年均增长率将达到8%，使其成为未来10年亚太地区增长最快的基建市场之一。

为了应对这一趋势，孟加拉国政府正在积极采取措施。其通过国际援助来获取更多的资源和投资，调整投资政策以吸引更多的私人资本进入基建领域。此外，政府还出台了《民间基础设施投资指南》，推行私有化政策，开放了能源、港口、电信部门，逐步改善经济基础设施状况，并提高其运行效率。

（一）交通基础设施领域

孟加拉国当前的交通基础设施存在明显不足，公路和铁路运力不足。WEF《2020年全球竞争力报告》将孟加拉国的交通基础设施评为亚洲最差的国家之一，显示出该国在这一领域具有巨大的提升空间。

为了改变这一现状，孟加拉国正积极改善其交通基础设施。政府正在推进"孟加拉国海上公路计划"，以优化国内的港口和公路网络，提高货物运输效率。同时，孟加拉国还计划对铁路和机场系统进行扩建和现代化改造，以增强国内和国际的连通性。这些举措将为孟加拉国的经济增长和贸易活动提供坚实的支撑。

孟加拉国计划委员会在2023年9月起草的一份计划中明确指出，为提高铁路在货运市场中的份额，需要将孟加拉国铁路与主要海陆港口通过专用货运轨道进行连接。该战略计划还包括改建宽轨线、建设更多内陆集装箱堆场，以及采购现代化铁路服务和维护所需的设备等。目标是在2045年之前，将铁路货运量从目前的200万吨增加到1800万吨。

为推动本国交通基础设施建设，更好地满足日益增长的运输需求，孟加拉政府在PP2041和"八五"计划中将扩大交通基础设施建设列为重点，并规划了一批重要的公路、铁路、港口和城市轨道交通项目。孟加拉国在交通基础设施领域的改革不仅有助于提升国家竞争力，还将为其经济的持续增长奠定坚实基础。未来，随着相关项目付诸实施，孟加拉国交通运输领域基建需求有望加速释放。

孟政府也注重吸引外资与私人投资，给予外国投资者国民待遇，鼓励其通过BOT[①]、PPP等方式参与本国基础设施投资建设。为推进PPP，孟政府在法律制度和组织机构层面给予外国投资者多重保障，具体内容在本书的第三章第五节中有详细介绍。

（二）能源和公用事业基础设施领域

孟加拉国作为一个人口众多的国家，其能源需求日益增长。为满足这一需求，孟加

① BOT（Build-Operate-Transfer），建设—运营—移交。

拉国政府已开始大力推动能源基础设施的建设。政府计划增加发电能力，通过新建燃煤电厂、天然气发电站和可再生能源项目，以确保电力的稳定供应。此外，孟加拉国还计划扩展现代化天然气输送网络，以确保能源的稳定供应。这些措施旨在为孟加拉国的工业和商业领域提供可靠的能源支持，从而促进经济的可持续增长。

预计未来 10 年，孟加拉国的电力市场将成为全球增长最快的市场之一。然而，当前的电力基础设施尚不能满足预期的电力需求增长。为此，政府将加大力度支持电力行业的发展，大幅扩增发电能力，以满足日益增长的电力需求。

随着城市化的快速发展，现有的水利基础设施也面临压力。为满足不断增长的用水需求，孟加拉国需要对其给排水和水处理设施以及防洪系统进行投资和建设。电力消费和水资源需求的强劲增长将是推动孟加拉国能源和公用事业基础设施领域发展的主要动力。这一领域的迅速扩张将为行业提供重要的发展机遇。

（三）数字基础设施的推进

随着全球数字化浪潮的兴起，孟加拉国也在积极推进数字基础设施的建设。孟加拉国政府通过推动宽带互联网接入、提高通信网络质量以及数字支付系统的普及，努力推动数字经济的发展。这将为电子商务、金融科技和其他数字领域的创新和增长提供良好的基础。

孟加拉国基础设施领域前景广阔。作为“一带一路”倡议与“孟中印缅经济走廊”的关键国家，孟加拉国在大量投资、交通基础设施优化、能源及公用事业基础设施壮大以及数字基础设施推动下，将为其带来巨大的经济增长与发展契机。企业与投资者可把握这些机遇，参与孟加拉国基础设施建设，共享新兴市场带来的红利。同时，孟加拉国政府将持续实施改革措施与政策支持，以吸引更多投资并推动行业发展。随着基础设施逐步完善，孟加拉国将提升生活质量、实现经济多元化并吸引更多国际合作伙伴。

然而，孟加拉国基础设施领域亦存在挑战。企业须关注金融领域累积的风险。在当前国际货币政策趋紧的情况下，孟加拉国金融行业脆弱性有所提升，银行业尤其是国有银行不良贷款不断增加，爆发系统性金融风险的可能性不容忽视。在新能源等新兴领域，缺乏统一法律框架，各部门政策文件存在矛盾，政府工作效率有待提高，可能导致企业在新能源基础设施领域遭遇阻碍，面临法律风险。此外，孟加拉国与印度、美国在经济、政治等方面也存在密切联系，中资企业可能会由于大国博弈和地缘政治而承担一定的风险，这可能会给中资企业参与孟加拉国基础设施建设带来一定的负面影响。因此，对中资企业而言，要树立合规意识，密切关注当地的金融、政治形势，在孟中资企业也要加强相互联系，切实维护好在孟的人员和资产的安全。

第四节 经济园区与出口加工区简介

一、经济园区

BEZA① 是根据 2010 年《孟加拉经济区法案》成立的，BEZA 于 2010 年 11 月 9 日由政府正式成立。BEZA 被授权在孟加拉国建立、许可、运营、管理经济区。BEZA 的目标是在孟加拉国所有潜在地区建立经济区，包括落后和不发达地区，以期通过增加和多样化工业、就业、生产和出口来鼓励经济快速发展。

孟加拉国政府的目标是到 2030 年在全国建立 100 个经济区，以实现工业自给自足、去中心化和 1000 万就业的目标。成立于 2010 年的 BEZA 正在努力实现这一目标。目前 BEZA 已经开发了一些经济区，本地和外国公司都在其中投资。目前孟已有 55 个国有经济特区和 10 个私营经济特区（包括中国和日本设立的经济特区），为出口和国内市场生产商品。

（一）BEZA 的职能

根据 2010 年《孟加拉国经济区法》第 19 条的规定，BEZA 的一般职责和职能如下：

1. 根据基础设施、道路和通信、旅行和银行设施以及人力等当地资源的可用性，为工业或类似部门确定和选择地点，以确保根据集中原则有效利用土地；

2. 为自行或公私合作确定的经济区获取土地，并代表政府占有所获取的土地；

3. 在竞争的基础上指定经济区开发商开发和管理所征用的土地及其不同类型的基础设施；

4. 编制经济区基础设施发展规划，用于实施和管理经济区自身建设，并报理事会批准；

5. 在竞争性商业基础上，按照规定的方式为申请在经济区内设立工业单位、企业和服务提供者的投资者分配、出租或租用土地、建筑物或场地，管理设立流程；

6. 通过监测经济区自身和经济区开发商的活动，确保经济区的基础设施在规定的期限内得到发展；

7. 通过促进本地和外国投资，包括发展熟练劳动力，在经济区内外建立向后联系产业，创造就业机会；

---

① 参见 BEZA 网，https://www.beza.gov.bd/。

8. 根据集中原则确保土地的有效利用，根据基础设施和当地资源的可用性划分土地，以便在经济区内提供有利的环境和设施；

9. 鼓励更有效的管理和监测以履行在环境和其他事项上的承诺；

10. 采取措施，在经济区建立与当地经济相适应的后向联动产业；

11. 鼓励商业组织将污染行业和计划外行业从大都市迁移到不同行业的单独经济区；

12. 鼓励在经济区的开发和运营中建立公私伙伴关系；

13. 采取必要步骤履行社会和经济承诺；

14. 确立工人应有的权利，确保他们的福利，并在雇主和工人之间建立良性的关系；

15. 采取适当措施实施减贫方案；

16. 通过推进重点制造业和服务业的计划工业化，加快国家产业政策的实施；

17. 通过投资银行业发展工业城市、农业工业区、贸易区和旅游区，将经济区转变为经济中心，并促进提供熟练劳动力和高效服务。

（二）BEZA 的组织架构

BEZA 隶属于总理办公室，负责孟加拉国经济区的建立、许可、运营、管理。

BEZA 有一个三级管理结构：理事会—执行委员会—BEZA 办公室/秘书处。

理事会是承担总体政策决策的最高机构。理事会由总理领导，由工业、商业、金融、规划、科学和信息通信技术、电力、能源和矿产资源、通信、劳动和就业、环境和森林、农业、邮政和电信、外交、内政、航运以及总理办公室（包括最高议事厅和私营部门）等部委或部门的高级代表组成。

执行委员会由执行主席（首席执行官）和 3 名执行成员组成，负责监督 BEZA 的日常运营。执行委员会行使管理局可行使和履行的所有权力并履行所有职能。

BEZA 办公室/秘书处在执行委员会的指导下开展所有日常活动。BEZA 拥有 130 名官员和工作人员的核定人员编制。

（三）激励措施

BEZA 将为经济区的开发商以及制造业单位投资者提供多种激励措施。对开发区开发商的好处包括所得税减免和资本支出的减少。投资激励结构，如免税（关税/消费税）；非财政激励措施，如无 FDI 上限、发放工作许可证和提供居民/公民身份。[①] 具体的激励措施见表 2－7 和表 2－8。

---

① 参见 https://beza.gov.bd/investing-in-zones/incentive-package/。

表 2-7　对开发者的激励措施

序号	措施领域	具体内容
1	所得税豁免	12 年不同程度的所得税豁免： 前 10 年——100% 第 11 年——70% 第 12 年——30%
2	股息所得税	10 年内免征股息所得税
3	资本收益税	10 年内免征资本收益税
4	特许权使用费、技术协助费用等的所得税	10 年内免征技术使用费、技术协助费用等的所得税
5	进口用于开发区开发的货物	免税进口用于开发区开发的货物（MS 棒材/棒材、水泥、预制建筑、铁/钢板除外）
6	土地开发税	免征土地开发税
7	部分税款、税率、通行费、费用等	免除 2009 年《地方政府（联合委员会）法》第 65 条规定的税、附加税、费率、通行费等
8	不动产转让税费	免除 1998 年《乌帕齐拉委员会法》（Upazilla Parishad Act）第 44 条规定的不动产转让税
9	在银行登记贷款文件时的印花税	免征在指定银行登记贷款文件时的印花税
10	转让土地时的印花税	以财团、合资企业（私营经济区开发商）为受益人转让土地时，可免除印花税
11	转让土地时，来源处的所得税	在以财团、合资企业（私营经济区开发商）为受益人转让土地时，在来源处扣除的所得税（根据《1984 年所得税条例》第 53H 条）将被免除，该财团、合资企业（私营经济区开发商）是为了设立经济区而成立的
12	转让土地时的注册费	为设立经济区而成立的财团、合资企业（私营经济区开发商）转让土地时，免收注册费（1908 年《注册法》）
13	租赁协议的印花税	免征 BEZA 与开发商之间土地租赁协议的印花税
14	租契登记印花税	免征 50% 的租契登记印花税
15	法律适用上	经济区投资者免于遵守 1989 年《投资委员会法案》

表 2-8　对单位投资者激励措施

序号	措施领域	具体内容
1	所得税	10 年所得税豁免（食用油、食糖、面粉、水泥、铁及铁相关产品除外） 前 3 年——100% 第 4 年——80% 第 5 年——70% 第 6 年——60% 第 7 年——50% 第 8 年——40% 第 9 年——30% 第 10 年——20%

续表

序号	措施领域	具体内容
2	股息所得税	10 年内免征股息所得税
3	资本收益税	10 年内免征资本收益税
4	特许权使用费、技术协助费用等的所得税	10 年内免征技术使用费、技术协助费用等的所得税
5	收入所得税	外籍人士收入所得税豁免 50%，期限为 3 年
6	双重征税	在存在双重征税协议的情况下免于双重征税
7	基本机械和建筑材料的进口税费	基本机械和建筑材料的免税进口（MS 棒材/棒材、水泥、预制建筑、铁/钢板除外）
8	仓储站	整个经济区已经被宣布为仓储站
9	家庭消费及其他保税设施，仓储运营商	所有经济区的单位投资者都有权享受这项便利
10	专属海关程序（经济区）	经济区内所有行业均可享受
11	成品销售到国内关税区（DTA）	根据上一财政年的出口量计算 20% 的最终产品可出售至国内关税区（DTA）
12	分包合作	与国内关税区进行分包合作，允许 100% 合作
13	进口车辆的相关税费	100% 豁免进口车辆的关税、监管税、增值税、附加税（2000 立方厘米以下，一辆轿车和一辆微型客车/皮卡车/双车厢皮卡车）
14	出口税费	100% 豁免出口税
15	增值税	100% 豁免与商品生产相关的公用事业服务的增值税
16	土地发展税	100% 豁免土地发展税
17	租契登记印花税	50% 豁免租契登记印花税
18	部分税款、税率、通行费、费用等	免除 2009 年《地方政府（联合委员会）法》第 65 条规定的税、附加税、费率、通行费等
19	不动产转让税费	免除 1998 年《乌帕齐拉委员会法》（Upazilla Parishad Act）第 44 条规定的不动产转让税
20	法律适用上	经济区投资者免于遵守 1989 年《投资委员会法案》
21	经济区企业外汇交易监管框架	完全适用经济区特有的外汇交易监管框架
22	包括经济特区在内的孟加拉国外商投资	对大多数的行业没有限制，只有少数部门不允许外商投资
23	外国直接投资（FDI）上限	外国直接投资无上限
24	投资所得股息的汇回国内	允许 100% 汇回国内
25	投资销售收益汇回国内	允许 100% 汇回国内
26	从外部来源借贷	允许 100% 融资

续表

序号	措施领域	具体内容
27	特许权使用费、技术协助费用汇回国内	·对于新项目，不超过进口机械成本的6%可以汇回国内 ·对于持续存在的项目，不超过所得税申报表中申报的上一年销售额的6%可以汇回国内
28	电汇（TT）	对电汇无限制
29	经济特区企业的外币账户（FC Accounts）	对经济特区的企业，全面开放外币账户
30	在经济区企业工作的外籍人士的外币账户	对经济特区企业工作的外籍人士，全面开放外币账户
31	在经济区工作的外籍人士收入的汇出	允许在经济区工作的外籍人士收入的汇出其当前收入的75%
32	特许权使用费、技术协助费用的支付	经济区内从事国内加工区域（DPA）的企业，可以通过其塔卡账户履行特许权使用费、技术协助费用的外汇支付义务
33	对经济特区内C类产业[1]出口产品的市场开发支持	适用产品： ● 合成材料及织物制成的凉鞋和包袋 ● 农产品加工品 最低增值比例达到30%，即提供4%的现金激励
34	面向出口导向型产业的原材料后向联结[2]供应提供原材料、零部件或其他必要投入的供应商	出口导向型企业可以完全依赖本地市场或指定区域内的供应商采购其生产所需的原材料，而不受配额或限制的影响
35	成立合资产业	在经济区内的企业，可以成立合资产业
36	纺织品出口奖励	对包括成衣在内的纺织品出口实行特别现金奖励
37	工作许可证	可以至多给单位职员、雇员总数5%的人数颁发工作许可证
38	居留签证	投资额≥75,000美元，可以获得孟加拉国居留签证
39	公民身份	投资额≥1,000,000美元，可以获得孟加拉国公民身份

注：〔1〕C类产业：100%孟加拉所有权。

〔2〕后向联结（Backward Linkages）指的是支持本地产业链中为出口导向型企业（如服装、电子等）。

(四) 中国经济产业园

近年来，孟加拉国和中国之间的经济合作日益加强，两国之间的贸易往来和投资合作不断扩大。在这种背景下，中国经济产业园区在孟加拉国的设立具有重要意义。中国经济产业园区在孟加拉国的设立，不仅有助于促进两国之间的经济合作，还有利于推动孟加拉国经济的发展和产业升级。

中国经济产业园位于吉大港安瓦拉地区卡纳普里河南岸。吉大港位于孟加拉东南部，既是孟加拉国第二大城市和第一大港，也是孟加拉重要交通枢纽和经济中心。园区占地约 318 公顷，地处“一带一路”“孟中印缅经济走廊”的关键节点，是中国“一带一路”倡议及国际产能合作理念重要的投资区域。

二、出口加工区

BEPZA① 是孟加拉国 8 个出口加工区的主管部门，隶属于总理府，孟加拉国总理担任董事会主席，董事会成员由相关部门部长等担任，执行委员会负责 BEPZA 日常运作。孟加拉国在出口加工区为外资提供了税收等优惠政策和便利化的服务，以吸引外资，促进出口，增加就业。其授权负责出口加工区等工业区的创建、开发、运营和管理的政府机构，并负责促进孟加拉国的投资。BEPZA 是根据 1980 年第 36 号法案成立的，旨在促进土地范围内的工业化、出口、创造就业机会和技术转让。为了满足吸引 FDI、本地投资和工业化的日益增长的需求，政府采取主动措施，在全国各地建立出口加工区。

以下是对孟加拉国出口加工区的相关介绍。

（一）BEPZA 的使命

通过工业化、促进投资、促进出口和在出口加工区创造就业机会，加强孟加拉国的经济基础。

（二）BEPZA 的目标

1. 促进外国和本地投资；
2. 加快出口量；
3. 创造就业机会；
4. 扶贫减贫；
5. 技术和技能开发转让；
6. 发展前后向关联产业；
7. 促进配件和支持性服务企业。

（三）BEPZA 的投资类型

A 类：100% 外资所有权

B 类：孟加拉与外国投资者的合资企业（股权比例不限）

C 类：100% 孟加拉所有权

（四）BEPZA 为投资者提供的服务

1. 只需提交最低限度的必要文件，即可获得在出口加工区设立工业的许可；

① 参见 BEPZA 网，https://www.bepza.gov.bd/。

2. 分配全服务工业地块/标准厂房（Standard Factory Building，SFB）用于在出口加工区建立工厂；

3. 原材料、机械、建筑材料的免税进口和成品的免税出口；

4. 探险服务，包括当天通过自动化办理进出口许可证；

5. 通过 OSS 中心提供一站式服务；

6. 发放外国侨民工作许可证；

7. 水电连接；

8. 24 小时安全服务；

9. 厂区清关；

10. 允许基于 CM①/CMP②/CMT③ 的进出口；

11. 从 DTA 进口；

12. 允许区域内/区域间分包和货物转移；

13. 允许与出口导向型产业在出口加工区内外进行分包；

14. 不需要 IRC、ERC；

15. 行政支持服务：伙食、医疗中心、投资者俱乐部、健康俱乐部等。

（五）相关的财政激励措施

1. 5 ~7 年的免税期；

2. 免税进口机械、设备和建筑材料；

3. 原材料免税进口；

4. 成品免税出口；

5. 免除双重征税；

6. 免征免税期股息税；

7. 出口加工区内外均允许承包和提供分包；

8. 允许向 DTA 销售 10% 的成品（服装除外）；

9. 允许向 DTA 出售 10% 的缺陷成品，但须经委员会批准；

10. 允许将 10% 的剩余原材料出售给 DTA。

---

① CM（Cutting and Making）：裁剪与制作，即外包生产模式中，外部供应商负责裁剪和制作成品，通常由买方提供材料。

② CMP（Cutting，Making，and Packing）：裁剪、制作与包装，在这种模式下，外部供应商不仅负责裁剪和制作，还包括最后的包装工作，适用于一些需要最终包装的产品。

③ CMT（Cutting，Making，and Trimming）：裁剪、制作与修整，与 CMP 类似，但 CMT 通常不包括包装环节，而是涉及产品的修整（如剪裁、缝合及修剪多余部分）。

（六）相关的非财政激励措施

1. 外国和本地投资没有上限；
2. 允许100%的外资所有权；
3. 利润、资本和设立的全额汇回国内；
4. OBU贷款项下国外外币贷款；
5. NFCD允许用于A类行业；
6. 允许B类和C类行业使用FC账户。

表2-9展示了不同区域地块和标准厂房的租金情况。

表2-9 地块和标准厂房的租金

地区	地块/美元/平方米/年	标准厂房/美元/平方米/月
BEPZA经济区	2.75	3.50
吉大港、达卡、库米拉、阿达姆吉和卡纳普利出口加工区	2.50	3.00
勐拉、伊什瓦迪和北出口加工区	1.40	1.75

（七）在出口加工区设立工业所需的文件

1. 致执行主席的信；
2. 投资有关出口加工区的项目建议书；
3. 拟进口机械设备形式发票①；
4. 购买项目建议书的付款收据复印件；
5. AOA大纲和章程细则以及由孟加拉国RJSC正式证明的公司注册证书；
6. 保荐人/董事的银行偿付能力证明书；
7. 赞助商/董事护照复印件；
8. 保荐人/董事的护照复印件。

签发在EPZ设立工业的许可函和在EPZ地块/标准厂房的分配函的具体流程见图2-1。

① 形式发票也称“预开发票”或“估价发票”，是指在货物未成交前，买方要求出口商卖方按照拟出售成交的产品单价、数量、总金额、付款方式、包装、交货期等条件开立的一份参考性发票，以供进口商向其本国金融或外贸管理当局申领IP和核批外汇使用，是一种非正式发票。

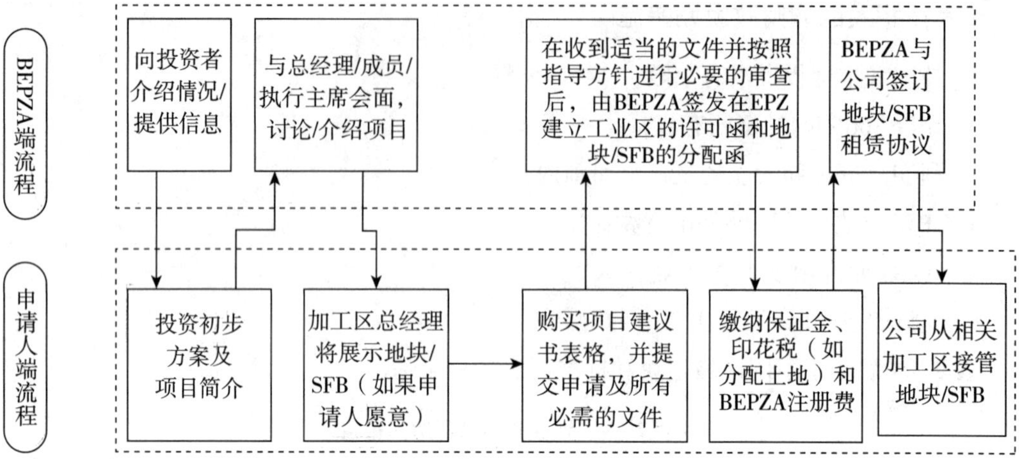

图 2-1　签发在 EPZ 设立工业的许可函和在 EPZ 地块/SFB 的分配函的流程

除了上述两家机构外，孟加拉国还有两家机构在各自管辖范围内促进投资：

BIDA① 是孟加拉国主要的投资促进和服务机构，于 2016 年 9 月 1 日依据《孟加拉国投资发展局法》成立，该法授权 BIDA 提供多样化的投资服务，推动孟工业发展。BIDA 由 BOI 及原私有化委员会合并而成，隶属于总理办公室，主席由孟总理亲自担任，执行委员会负责该机构日常事务。BIDA 是孟主要投资部门，负责出台投资相关法规政策，为投资者提供投资登记、投资咨询、子公司办事处注册、工作签证申请等诸多服务。

BHTPA② 成立于 2010 年，是孟加拉国的政府机构，负责吸引对新成立的高科技园区的投资，致力于在全国范围内建立、管理和运营技术商业园区。

第五节　经济发展规划

孟加拉国通过制订长期计划和五年计划来指导国家未来的各项事业的发展。目前，指导孟加拉国各项事业发展的是 PP2041 以及“八五”计划（2020～2025）。本节就针对这两个计划展开介绍。

一、PP2041

2020 年 3 月，孟加拉国规划委员会发布了一份名为 *Making Vision 2041 a Reality*：

① 参见 BIDA 网，https://www.bida.gov.bd。

② 参见 BHTPA 网，https://ossbhtpa.gov.bd。

Perspective Plan of Bangladesh 2021－2041 的报告，旨在推动国家发展目标的实现。该报告涉及经济、社会、环境和基础设施等多个领域，明确了 2021～2041 年的发展目标和战略。

报告强调，实现这些目标需依赖良好的治理、民主、分散化和能力建设。该计划的主要受益者是孟加拉国的公民，他们将成为经济增长和转型的关键驱动力。

该计划分为两个主要部分：2041 愿景（Vision2041）和孟加拉国 2021～2041 年远景规划（Perspective Plan of Bangladesh 2021～2041）。Vision2041 是一个包含 12 个章节的发展愿景，内容涵盖了治理、人力资源、农业、能源和气候变化等诸多方面。PP2041 是在 PP2021 的基础上制定的，确定了三个首要目标：（1）到 2031 财年实现 UMIC 地位；（2）到 2031 财年消除极端贫困；（3）到 2041 财年实现 HIC 地位。

该计划强调了机构在国家发展中的重要性，并提出了治理、民主化、分散化和能力建设四根支柱。

报告涉及的内容广泛，包括经济发展、城市管理、农业、教育、健康、社会保护、气候变化、贸易、知识产权、工业发展、科技创新、环境管理等方面。

在经济发展方面，报告指出，孟加拉国需采取一系列措施促进经济增长，包括加强公共—私人伙伴关系、改善城市管理、提高农业产量、加强教育和技能培训、改善健康和营养状况、加强社会保护、应对气候变化、促进贸易、加强知识产权保护、促进工业发展、加强科技创新、加强环境保护等。

PP2041 的投资目标是实现高增长轨迹，通过投资质量教育、信息通信技术、科学研究、研发和创新生产技术等，提高全要素生产率，为经济增长做出贡献。此外，PP2041 项目还将鼓励 PPP，以实现大规模基础设施项目的交付。

PP2041 的实施期间正值国家政策推动的包容性增长时期，强调宏观经济稳定，包括低通胀、低财政赤字、舒适的外债平衡和低国内债务。计划维持可持续的财政赤字和公共债务，以促进出口多样化，增加公共投资，改善税收政策，实现外债可持续性，促进经济增长。此外，PP2041 还关注减少收入不平等，通过提高教育水平、加强人力资源开发、改善卫生保健和扩大金融包容性，实现零贫困国家目标。其旨在消除极端贫困和降低贫困发生率，同时减少收入不平等。为实现这些目标，需要加速 GDP 可持续增长，促进结构转型，加强农村基础设施和渔业发展，推广劳动密集型出口，以及支持小企业成长。PP2041 中设立的经济增长和减贫目标见表 2－10。

表 2-10　PP2041 的经济增长和减贫目标

单位:%

指标	基准点 2020 财年	2031 财年目标	2041 财年目标
实际 GDP	8.2	9.0	9.9
极端贫困 GDP	9.4	2.3	<1.0
贫困 GDP	18.8	7.0	<3.0

此外，报告还指出需要加强人力资本培训，改善教育和医疗服务的可及性，以提高贫困人口的生活水平并减少贫困。提高贫困人口生活水平的具体要求包括加强国家医院、消除儿童营养差距、加强私人和公共医疗保健体系、引入健康保险制度、提高卫生专业人士数量和质量、加强卫生部门治理、改善健康信息系统、促进医疗垃圾安全处理、加强药品行业投资、提高公共卫生支出等。规划强调提高医疗质量和覆盖面，通过加强 PPP，实现教育与培训目标，提高生活质量，实现可持续发展目标。

孟政府强调了法律、政策环境、投资、保护弱势群体和自然环境在其中的重要作用，指出有效的制度对促进个体和群体发展和贸易一体化至关重要。报告还讨论了土地市场、财产权利、劳动力法律和工作条件以及税收管理等方面的问题，提出了一系列具体的改革建议和目标，以促进市场的有效运作和资源的合理配置。报告指出，为了实现 GDP 高速增长，孟加拉国需要提高投资率，特别是在基础设施领域。同时，政府需要通过各种渠道融资以满足公共投资需求。在货币管理方面，报告强调了有效协调财政和货币政策的重要性，以实现宏观经济稳定和适度通货膨胀。

此外，值得注意的是，报告也特别强调绿色经济发展规划。绿色经济发展规划是指在发展经济的同时，注重环境保护和资源节约，以实现可持续发展。在 PP2041 中，绿色经济发展规划是重要的一部分，旨在实现经济增长和环境保护的双赢。具体来说，绿色经济发展规划包括以下几个方面：

1. 发展清洁能源：PP2041 的计划下将大力发展清洁能源，如太阳能、风能等，以减少对化石燃料的依赖，降低温室气体排放。

2. 推广绿色技术：PP2041 要求推广绿色技术，如节能技术、循环经济技术等，以实现资源的高效利用和环境的保护。

3. 加强环境保护：PP2041 将加强环境保护，如治理水污染、大气污染等，以改善生态环境质量，保障人民健康。

4. 促进绿色消费：PP2041 将促进绿色消费，如推广绿色产品、鼓励绿色出行等，以引导消费者选择环保、低碳的生活方式。

总之，绿色经济发展规划是 PP2041 的重要组成部分，旨在实现经济增长和环境保护的双赢。

除了绿色经济发展方面外，其他方面在 PP2041 中也有详细的规划，以下是一些简要的介绍：

在城市管理方面，报告指出，城市管理需要采取三管齐下的方法，包括重新定义公共—私人角色、加强城市公共服务机构的能力、建立负责任的城市政府。

在农业方面，报告指出，孟加拉国需要采取一系列措施来提高农业产量，包括加强农业基础设施建设、提高农业技术水平、加强农业科研、加强农业市场体系建设等。

在教育方面，报告指出，孟加拉国需要采取一系列措施来提高教育水平，包括加强基础教育、加强职业教育、加强高等教育、加强教师培训等。

在健康方面，报告指出，孟加拉国需要采取一系列措施来改善健康和营养状况，包括加强公共卫生体系建设、加强疾病预防控制、加强营养改善等。

在社会保护方面，报告指出，孟加拉国需要采取一系列措施来加强社会保护，包括加强社会保障体系建设、加强社会救助体系建设、加强社会福利体系建设等。

在气候变化方面，报告指出，孟加拉国需要采取一系列措施来应对气候变化，包括加强气候变化适应能力、加强气候变化减缓能力、加强气候变化风险管理能力等。

在贸易方面，报告指出，孟加拉国需要采取一系列措施来促进贸易，包括加强贸易基础设施建设、加强贸易便利化、加强贸易政策协调等。

二、“八五”计划

“七五”计划期间，在实现增长和结构转型目标方面取得了强劲进展。GDP 增速加快，孟加拉国现在是世界上 GDP 增长最快的国家之一，生产结构从农业向工业和现代服务业的转变在“七五”计划期间得到进一步加强。这为“八五”期间的进一步转型奠定了坚实的基础。农业方面取得了进展，从以农民为主的生产体系向更加以商业为导向的生产结构转变，但制造业和服务业在创造就业方面并没有表现出“七五”规划所预期的活力。PP2041 的实施设想分 4 个 5 年阶段进行，而“八五”计划就是第一阶段。因此，第八个五年计划的主要任务是开始实施 PP2041，使孟加拉国更接近到 2031 财年实现中等收入和 UMIC 地位、实现主要可持续发展目标和消除极端贫困的目标。其重点是“促进繁荣和培育包容性”，提出了实施使贫困人口收入增长的战略。

“八五”计划在 PP2041 的指导下，围绕以下 6 大核心主题展开：

1. 新冠疫情的快速恢复，恢复人类健康、信心、就业、收入和经济活动。

2. GDP 增长加速，创造就业，生产率加速，快速减贫。因此，到 2025 财年，GDP 平均增长率将从“七五”计划的 7.4% 提高到 8.0%，年增长率达到 8.5%。平均生产率增长率目标为 5.6%。贫困发生率预计将从 2019 财年的 20.5% 下降到 2025 财年的 15.6%；而极端贫困发生率的目标是从 2019 财年的 10.5% 下降到 2025 财年的 7.4%。

3. 一项基础广泛的包容性战略，旨在使每个公民都能充分参与发展进程并从中受益，并通过基于社会保护的收入转移帮助贫困和弱势群体。

4. 一条能够抵御灾害和气候变化的可持续发展道路；需要可持续地利用自然资源；并成功管理不可避免的城市化转型。

5. 到 2031 财年，发展和改善必要的关键机构，以引领经济达到 UMIC 地位。

6. 实现可持续发展目标和减轻从 LDC① 毕业的影响。

这 6 个相互关联的主题被纳入整个“八五”计划宏观经济和部门战略、政策和方案。

电力供应方面，在“六五”计划和“七五”计划期间，由于通过公共和私营企业资助的大规模扩张计划，该国已从缺电国家转变为电力自给自足的国家。在实施电力贸易和能源多样化方面也取得了进展。液化天然气和进口煤燃料选项投资正在进行，将于 2022～2023 财年开始生产。“八五”计划电力和能源战略将继续开展良好的工作，并在多个领域加强战略。首先，《2016 年电力行业总体规划》将进行更新，电力扩张计划将基于更新的需求预测，更好地利用现有容量以及选择可再生能源的最低成本方案。其次，重点将放在可再生能源上，通过适当的燃料油定价和其他激励措施。再次，通过制度改革和价格政策改善电力和能源部门的财务状况。最后，通过电力设施的合理运维、节能技术的采用、能耗的定价和征税等方式，促进节能增效。

交通运输方面，“八五”计划中的运输部门战略将遵循“七五”计划中启动的战略，重点放在存在绩效差距的领域。因此，该战略将是一个发展高效、可持续、安全和区域平衡的运输系统，其中各种模式相互补充，适当衔接，并在可能的情况下相互提供良性竞争。将特别强调引进现代技术，以增加能力，提高系统的质量和生产力，发展与达卡交通畅通的两个海港，在该国东西区之间建立有效的铁路联系，整合公路、铁路和内河运输，以及参与全球和区域运输互联互通倡议，帮助发展南亚各国之间的陆路连接。在投资方面，该战略将继续优先及时完成所有转型交通基础设施项目，包括城际桥梁、高速公路、隧道和海港，这些项目有助于孟加拉国交通网络的现代化，从而改善全国商品和服务的流动性、促进国际贸易、降低成本、提高竞争力。

考虑资源限制和高投资成本，“八五”计划融资战略将 ADP 拨款与强大的公私合作

① 孟加拉国预计在 2026 年从 LDC 毕业，面临的最大困境是不再享受关税优惠，且政府无法为相关产业提供补贴。

努力结合。PPP 机构将配备具有国际 PPP 合同谈判和管理经验的国际合格员工。“八五”计划将特别强调改善多式联运平衡，而在“七五”计划期间，这方面的进展有限，并更加强调自然成本低、环境友好的内陆水道。交通运输，特别是航空运输，对旅游业的重要性将得到强调，重点是加强地区间航空公司的连通性和建设新的国际运输。将加大力度，通过引入一系列公共交通服务的使用费，包括道路使用费、航空和海港费、内陆水和铁路票价，改善资源调配。

按照 2021 财年的不变价格计算，孟加拉国第 8 个五年计划的总投资达到 63.6 万亿塔卡。与以往的计划相同，国内资源以国民储蓄的形式将继续在第 8 个五年计划的融资中占据主导地位（占比 95.4%）。其中，私人储蓄是调动国内储蓄的关键因素，占国民储蓄总额的 90.4%。与此同时，公共储蓄预计也将发挥重要作用，占据国内资源的 9.6%。外国储蓄将为“八五”计划提供剩余的 4.6% 的融资需求。这种对外国资源的适度依赖，符合孟加拉国政府减少外部借贷的战略。这种谨慎的外部借贷策略是孟加拉国宏观经济管理的核心积极方面，有助于保持外部账户的稳定。

第 8 个五年计划的关键融资策略之一是在扩大外国直接投资贡献的基础上，增强私营部门的投资作用，私人投资占总投资的 75%。第 8 个五年计划的中期宏观经济框架旨在将流入孟加拉国的 FDI 从目前的约 1% 的水平提升至国内生产总值的 3%。因此，第 8 个五年计划预计 FDI 在私人投资中的份额将显著增加到 7%，而第 7 个五年计划为 3%。这是第 8 个五年计划的一项重大战略转变，这将在促进私人投资和出口方面发挥关键作用，从而弥补第 7 个五年计划期间私人投资表现的不足。FDI 的快速增长对技术升级以及加强知识转让和技能发展具有重要意义。

第三章　孟加拉国对外经贸合作

本章聚焦于孟加拉国对外经贸合作领域的状况。第一节对孟加拉国加入的经济合作组织及签订的双边、多边经贸协定做了一个简单的介绍。第二节对中孟两国的双边贸易情况进行介绍，之后对孟的对外投资及吸收外资情况通过各种数据进行了收集，最后对可以在孟进行投资的几种主要的形式做了简要介绍。为期简明，本章将一些数据汇总，列成表格，此外最后一节还有一个在孟开设公司的流程图，希望能为有意向前往孟加拉投资的中资企业提供一个全面了解孟加拉国对外经贸合作的导览，为企业决策者提供有价值的参考。

第一节　经 贸 协 定

孟加拉国一直积极参与国际经贸合作，与多个国家和地区建立了广泛的贸易关系。目前，孟加拉国的主要贸易伙伴包括印度、中国、美国、欧盟等。在出口方面，孟加拉国以纺织品、服装、皮革制品和农产品等为主要出口商品，其中纺织品和服装出口占据了较大比重。在进口方面，孟加拉国主要进口石油、天然气、化肥、机械设备等商品。

一、全球贸易协定

孟加拉国于 1972 年加入关贸总协定，1995 年 1 月 1 日成为世贸组织成员。

二、区域经贸协定

参与国际协定方面，孟加拉国是亚太贸易协定（APTA）、SAPTA、SAFTA、SATIS、TPS-OIC、8 个发展中国家优惠贸易安排的成员，“南盟”发起国，南盟次区域合作组织“南亚增长四角”成员，东盟地区论坛成员及 BIMSTEC/孟印缅斯泰经合组织成员。除享受欧盟普惠之外，孟加拉国还获得加拿大、挪威、日本、新西兰、澳大利亚的免关税市场准入待遇。自2010年7月1日起，中国对孟加拉国原产的4762个税目输华商品实施零关税，约占全部税则税目的60%。2020年7月1日，中国对孟加拉国正式开始实施97%输华商品零关税待遇。

三、双边经贸协定

孟加拉国将于2026年退出联合国“LDC”名单，不再享受相关的免关税市场准入待遇等优惠政策。2010年12月，孟加拉国政府批准了《自由贸易协定政策指导方针2010》，研究与不同国家签订自由贸易协定（Free Trade Agreement，FTA）的可行性。孟加拉国政府已着手同主要贸易伙伴进行自由贸易谈判，以维持出口稳定。

孟政府已经开展了优惠市场准入和FTA商签等相关行动。孟政府已在准备和重要的经济往来国家，商签特惠贸易协定（Preferential Trade Agreement，PTA）、FTA，或全面经济伙伴关系协定（Comprehensive Economic Partnership Agreement，CEPA）。

孟政府已于2020年12月6日，和不丹签署了PTA，并已在准备和10个国家及3个联盟，优先签署贸易协定。这10个优先国家包括：印度、尼泊尔、印度尼西亚、斯里兰卡、日本、新加坡、美国、加拿大、中国和马来西亚。孟加拉国参与的区域及双边贸易组织或协定见表3－1。

表3－1 孟加拉国参与的区域及双边贸易组织或协定

序号	组织或协定名称
1	APTA
2	SAPTA
3	SAFTA
4	SATIS
5	TPS-OIC
6	8个发展中国家优惠贸易安排的成员
7	SAARC
8	南盟次区域合作组织“南亚增长四角”成员
9	东盟地区论坛成员及BIMSTEC/孟印缅斯泰经合组织成员
10	美国—孟加拉国贸易与投资合作论坛协议
11	全球贸易优惠制度
12	孟加拉国—不丹双边PTA

此外，孟还在和土耳其、南非、摩洛哥、毛里求斯、塞内加尔、尼日利亚、塞拉利昂、肯尼亚，商谈签署PTA、FTA或CEPA。

在与我国签署的双边经贸协定方面，1996年9月，中孟两国在北京签署了《关于对所得避免双重征税和防止偷漏税的协定》和《关于鼓励和保护投资协定》。2016 年 10 月，习近平主席访问孟加拉国期间，中孟建立了战略合作伙伴关系，两国签署了《中孟投资和产能备忘录》，备忘录包括鼓励两国产能合作的领域、合作模式、优先推进项目清单等。①

2024 年 1 月，孟加拉国成功举行了换届选举，国家主席习近平致电谢赫·哈西娜，祝贺她当选连任孟加拉人民共和国总理。习近平指出，中国和孟加拉国是传统友好邻邦。建交 49 年来，两国始终相互尊重、平等相待、互利共赢，在涉及彼此核心利益问题上相互支持，在实现各自发展振兴的道路上携手前行，给两国人民带来实实在在的福祉。希望中孟双方共同努力，进一步落实好双方达成的重要共识，深化政治互信，弘扬传统友谊，加强发展战略对接，高质量共建“一带一路”，推动中孟战略合作伙伴关系不断迈上新台阶。

我国与孟加拉国暂未签署货币互换协议。

表 3－2 列举了中孟签署的主要经贸协定（备忘录），重要协定的全文整理在本书的附录部分，以供查阅。

表 3－2　中孟签署的主要经贸协定（备忘录）

时间/年	协定（备忘录）名称
1977	《中华人民共和国政府和孟加拉人民共和国政府贸易和支付协定》
1978	《中华人民共和国政府和孟加拉人民共和国政府经济技术合作协定》
1980	《中华人民共和国政府和孟加拉人民共和国政府长期贸易协定》
1983	《中华人民共和国政府和孟加拉人民共和国政府关于成立经济、贸易和科学技术合作联合委员会的协定》
1989	《中华人民共和国政府和孟加拉人民共和国政府关于互免签证的协议》
1990	《中华人民共和国政府和孟加拉人民共和国政府科学技术合作协定》
1991	《中华人民共和国政府和孟加拉人民共和国政府贸易议定书》
1992	《中华人民共和国政府和孟加拉人民共和国政府贸易协定》
1996	《中华人民共和国政府和孟加拉人民共和国政府关于鼓励和相互保护投资协定》
1996	《中华人民共和国政府和孟加拉人民共和国政府关于对所得避免双重征税和防止偷漏税的协定》
2014	《中华人民共和国与孟加拉人民共和国关于深化更加紧密的全面合作伙伴关系的声明》
2014	《中华人民共和国商务部和孟加拉人民共和国孟加拉经济区管理局关于在孟加拉国开展设立中国经济和产业区的谅解备忘录》
2016	《中华人民共和国政府与孟加拉人民共和国政府关于开展“一带一路”倡议下合作的谅解备忘录》
2019	《中华人民共和国商务部和孟加拉人民共和国财政部关于建立投资合作工作组的谅解备忘录》
2019	《中华人民共和国和孟加拉人民共和国联合声明》

① 参见《中国驻孟加拉国使馆举办中孟“一带一路”产能合作研讨会》，载中华人民共和国驻孟加拉人民共和国大使馆网站，http://bd.china-embassy.gov.cn/dshd/201910/t20191030_1593176.htm。

第二节　中孟双边贸易

一、中孟货物贸易情况

根据商务部统计数据，2022 年，中孟贸易额 277. 9 亿美元，同比增长 10. 7%。其中，中国对孟出口 268. 1 亿美元，同比增长 11. 4%；自孟进口 9. 8 亿美元，同比下降 6. 2%。2023 年 1 ~6 月，中国与孟加拉国进出口总额 126. 6 亿美元，同比下降 11. 2%。其中，中国对孟出口 121. 8 亿美元，同比下降 11. 5%；自孟进口 4. 7 亿美元，同比下降 2. 8%。[①] 2018 ~2022 年中孟两国货物贸易情况见图 3 –1。

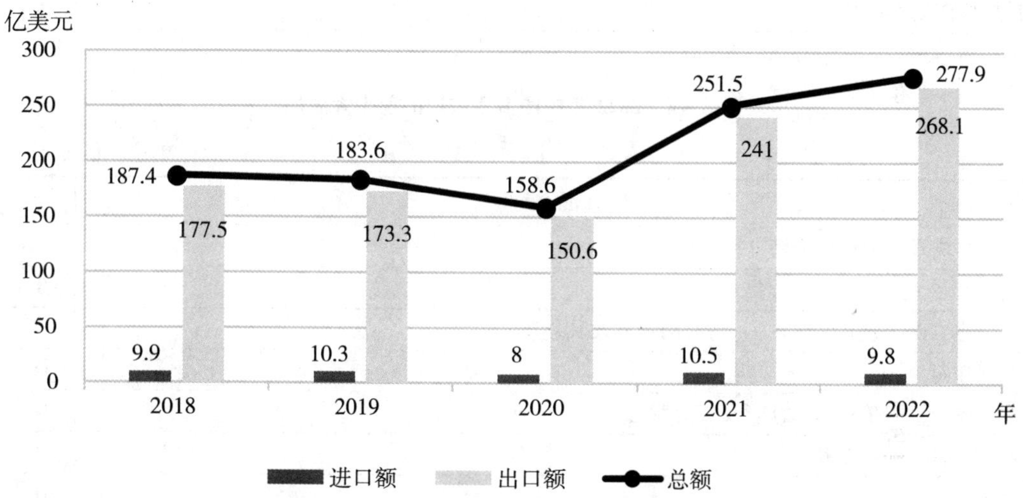

图 3 –1　2018 ~2022 年中孟两国货物贸易情况

资料来源：中国商务部。

2022 年，中国从孟进口的商品主要有：皮革、棉纺织制品和鱼类食品等原料性商品。出口商品主要有：纺织品、机电产品、水泥、化肥、轮胎、生丝、玉米等。我国对孟出口的及自孟进口的前十大商品见表 3 –3 及表 3 –4。

---

① 参见商务部亚洲司的 2023 年 1 ~6 月中国与亚洲国家（地区）贸易统计，https://yzs. mofcom. gov. cn/cms_ files/oldfile//yzs/202308/20230818102942804. pdf。

表 3-3 2022 年中国对孟出口的前十大商品

单位：亿美元

商品名称	金额
成品油	22.3
合成纤维长丝纱线的机织物	9.9
其他针织物或钩编织物	8.2
棉机织物	7.6
电话机，其他发送或接受声音、图像或其他数据用的设备	7.6
棉机织物（按重量计含棉量≥85%，每平方米重量≤200g）	7
棉机织物（按重量计含棉量≥85%，每平方米重量>200g）	6.8
矿物肥料或化学肥料及其他肥料	5.3
针织或钩编的起绒织物（包括长毛绒织物及毛圈织物）	5.2
针织物或钩编织物	4.6

资料来源：全球贸易观察。

表 3-4 2022 年中国自孟进口的前十大商品

单位：亿美元

商品名称	金额
黄麻纱线或其他纺织用韧皮纤维纱线	1.4
假发	0.7
不带毛牛皮（包括水牛皮）、马科动物皮及其坯革	0.7
男士外套	0.7
针织或钩编的T恤衫、汗衫及其他背心	0.6
男士套装、上衣、裤子	0.5
箱包	0.4
针织衫	0.4
棉纱线（缝纫线除外）	0.3
女士套装、上衣、裤子	0.3

资料来源：全球贸易观察。

二、中国对孟投资情况

孟加拉国是我国的主要受援国之一，也是我国在南亚对外承包工程的传统市场。据中国商务部统计，2022 年，中国对孟直接投资流量 3.2 亿美元。截至 2022 年底，中国对孟直接投资存量 29 亿美元。中国企业在孟新签工程承包合同额 30.4 亿美元，完成营业额 55.4 亿美元。2015~2022 年中国对孟直接投资情况见表 3-5，2021~2022 年中国对孟承包工程和劳务合作情况见表 3-6。

表 3-5　2015～2022 年中国对孟直接投资情况

单位：万美元

投资情况	2015 年	2016 年	2017 年	2018 年	2019 年	2020 年	2021 年	2022 年
年度流量	3119	4080	9903	54, 365	37, 549	45, 060	24, 071	32, 170
年末存量	18, 843	22, 517	32, 907	87, 023	124, 830	171, 058	220, 448	299, 466

资料来源：商务部、国家统计局和国家外汇管理局《2022 年度中国对外直接投资统计公报》。

表 3-6　2021～2022 年中国对孟承包工程和劳务合作情况

指标名称	2021 年	2022 年
中国对孟承包工程完成营业额/万美元	597, 627	554, 289
中国对孟承包工程派出人数/人	5676	2014
中国对孟承包工程年末在外劳务人员/人	11, 626	8722
中国对孟劳务合作派出人数/人	372	143

资料来源：中国国家统计局。

三、双边贸易合作机制

1983 年 11 月，中孟两国成立了经济、贸易和科学技术联合委员会，原则上轮流在两国首都开会。2014 年 6 月中孟第 13 次经贸联委会在昆明举行。2016 年 8 月，中孟第 14 次经贸联委会在达卡举行。

自 2006 年 1 月起，我国在《亚太贸易协定》① 框架下向孟 84 种商品提供零关税待遇。2022 年 9 月 1 日，我国正式实施给予孟 98% 税目输华产品零关税待遇。

此外，正如在上一节中所介绍的，中孟两国还签订了许多双边协定，这也是两国双边贸易合作的重要桥梁。

除了政府间的合作之外，民间也有促进中孟贸易的组织。如孟中商业工业协会（Bangladesh China Chamber of Commerce & Industry，BCCCI）和孟加拉国中资企业协会（Chinese Enterprise Association in Bangladesh，CEAB）。BCCCI 于 2003 年 5 月 13 日在孟加拉国注册成为股份公司与企业的成员。随后，于 2003 年 6 月 23 日获得了孟加拉工商会联合会的隶属关系，并享有“A”级商会的地位。BCCCI 始终为促进孟中两国的贸易、商业和工业合作而努力，在促进中孟关系方面采取务实措施，努力使中国与孟加拉国的业务多样化；CEAB 是在孟最大的中资企业组织，协会目前有 250 余家会员，秉承着创会宗旨，团结和服务在孟中资企业，保护在孟中资企业权益，加强与孟工商界交流

① 前身为签订于 1975 年的《曼谷协定》，是在联合国亚太经济社会委员会主持下，为促进南南合作，在发展中国家之间达成的一项优惠贸易安排。中国于 2001 年正式加入《曼谷协定》。

合作，助力孟加拉国经济发展和“一带一路”建设。2021 年 9 月，中资企业协会主办首届中孟经贸合作论坛，通过增强中孟两国工商界的相互了解，进一步深化中孟企业之间的务实合作，推动中孟经贸长远健康发展。①

四、境外产业园区

正如在第二章第四节中简要介绍的，中国企业已经在孟加拉国吉大港投资建立了中国经济产业园区，与 BEZA 合作建立，目前已经开始招商。

第三节 对外贸易

2022 财年，孟加拉国的出口表现创下了历史新高，其贸易敞口约占 GDP 的 11.30%。尽管全球经济衰退的持续等国际形势对孟加拉国出口部门带来的影响令人担忧，但在 2022 财年，出口收入却创下历史新高，几乎所有的出口项目在该财年都实现了强劲增长。根据孟出口促进局的数据，2022 财年的出口总收入达到了 5,208,266 万美元，同比增长 34.38%，超过了 2022 财年原定的战略出口目标 19.73%。② 为了保持出口收入，政府和孟加拉国银行采取了一系列审慎的政策措施，例如允许暂停贷款、延长实现出口收入和进口付款的时间，以及增加出口发展基金（Export Development Fund，EDF）等。

一、出口商品的构成

与往年一样，服装（机织服装和针织品产品）部门在孟加拉国的出口总收入中占很大一部分（超过 4/5）。纺织和针织品产品共同占出口总收入的 81.82%，从 2021 财年的 314.5673 亿美元增加到 2022 财年的 426.1315 亿美元，实现了广泛的增长。这两个部门的出口收入在 2022 财年分别大幅增长了 33.82% 和 36.88%。商品出口的逐项构成表明，与 2021 财年相比，2022 财年几乎所有项目的出口收入都有所增加。虽然纺织和针织品产品在总出口中占据了最重要的部分，但工程产品（增长 50.40%）、家用纺织品（增长 43.28%）、鞋类（增长 31.83%）、皮革和皮革制品（增长 31.53%）、化学产品（增长 29.76%）等产品对 2022 财年的总出口也作出了巨大贡献。表3－7给出了占出口总额 95.35% 的孟加拉国前几名商品出口项目的构成。

---

① 参见微信公众号“电力国际汇 epintl”，载 https://mp.weixin.qq.com/s?_biz=MzI0OTIzMjI5MA==&mid=2652787562&idx=4&sn=2e41b244c739d24606cfbf145ba73f4f&chksm=f27e5da7c509d4b1eaa80a7a771a1f5b8ab7c1da50680eea351410f80df0f4dba69586dc329a&scene=27。

② 参见 https://www.mofcom.gov.cn/dl/gbdqzn/upload/mengjiala.pdf，最后访问日期：2024 年 11 月 1 日。

表3－7　孟加拉国前十大商品出口项目的构成

单位：百万美元

项目	2021财年	2022财年	两年相比的变化/%
1. 针织品	16,960.03	23,214.32	36.88
2. 机织服装	14,496.70	19,398.84	33.82
3. 家用纺织品	1132.03	1621.93	43.28
4. 农产品	1028.14	1162.25	13.04
5. 黄麻制品（地毯除外）	1023.33	911.45	－10.93
6. 鞋类（包括皮鞋）	914.34	1205.33	31.83
7. 工程产品	529.00	795.63	50.40
8. 冻虾鱼	444.41	499.12	12.31
9. 皮革及皮革制品（皮鞋除外）	371.79	489.00	31.53
10. 化工产品	280.58	364.07	29.76
11. 其他	1577.96	2420.72	53.41
总计	38,758.31	52,082.66	34.38

资料来源：EPB。

二、出口国家和地区

2022财年孟加拉国对北美自由贸易区、南盟和东盟地区的出口份额有所增加，但对欧盟和其他地区的出口份额有所下降。2022财年，44.60%（2021财年为45.06%）的出口目的地为欧盟地区，而23.49%（2021财年为21.44%）的出口目的地为北美自由贸易区。2022财年，孟加拉国对南盟、东盟和其他地区的出口总额分别为4.38%、1.62%和25.90%（见图3－2）。

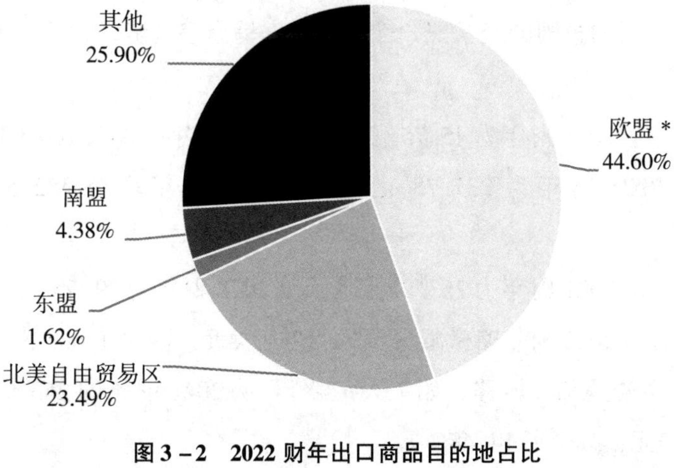

图3－2　2022财年出口商品目的地占比

资料来源：孟加拉国EPB和统计局，BB。

注：＊英国也统计。

三、EDF

EDF是孟加拉国银行设立的一个特殊信贷窗口，通过出口导向型服装行业开立即期信用证，为原材料进口提供短期外币融资。

为了促进该国的出口部门，孟加拉国银行不时增加EDF的数额。为了克服与新冠疫情相关的出口业务中断问题，该基金于2022年2月27日从60亿美元暂时增至70亿美元，分两步提高，以满足出口商日益增长的需求。

为了加强出口贸易，孟加拉国银行和政府宣布通过“一揽子”激励计划提供大量政策支持出口贸易，以克服与新冠疫情相关的出口业务中断问题。EDF的利率固定在2.0%，而不是基于伦敦银行同业拆借利率，并在特定时期内根据供应商或买方的信贷延长EDF再融资机制。

一般来说，EDF的还款期限最初为180天，如果相关出口商的相关出口收益需要延迟汇回，则可进一步延长90天。

2022财年EDF的循环支出总额为125.8亿美元，而2021财年为93.1亿美元。在2020年4月~2022年6月的新冠疫情期间，EDF的循环发放总额为231.4亿美元。截至2022年6月底，未偿余额为69.9亿美元，而前一年为58.6亿美元。截至2022年6月底，共有49家银行利用EDF再融资机制，借款人总数为1725人。

第四节　吸收外资

过去5年中，孟加拉国的经常账户余额①一直呈赤字趋势。以下是相关指标的具体数据：

经常账户赤字：2021财年为45.75亿美元，2022财年扩大至186.93亿美元。

贸易赤字：2021财年为237.78亿美元，2022财年增至332.5亿美元，增长了39.84%。

服务账户赤字：2021财年为253.95亿美元，2022财年为39.55亿美元。

主要收入赤字：2022财年略微减少至31.52亿美元，减少了0.63%。

次要收入（主要是私人转移，如工人汇款）：从2021财年的253.95亿美元显著减少至217.18亿美元，减少了14.48%。

① 根据世界银行定义，经常账户余额为货物和服务出口净额、收入净额与经常转移净额之和。

资本账户余额：从 2021 财年的 4.58 亿美元降至 2022 财年的 1.81 亿美元。

金融账户余额：从 2021 财年的 140.67 亿美元降至 2022 财年的 137.75 亿美元。

FDI：从 33.87 亿美元增加至 46.36 亿美元。

所有这些因素的综合结果使 2022 财年经常账户余额出现赤字，而 2021 财年为盈余 9.274 亿美元。

投资或资本的创造对经济增长和繁荣至关重要。投资不仅可以促进实物资本、金融资本和人力资本的形成，还能与其他生产要素和技术因素结合，通过改变商品和服务的生产与消费水平，推动经济增长。国内投资和外国投资都在经济中发挥着重要作用。国内投资有助于增加储蓄、促进消费并创造就业机会，而外国投资则能够弥补储蓄缺口，进一步推动经济发展。

FDI 流入在孟加拉国这样的发展中经济体中发挥着多方面的作用。作为外汇储备的潜在来源，FDI 在政府第 8 个五年计划中得到了强调，该计划旨在通过广泛的基础设施发展（包括电力、信息和通信技术以及通信部门）创造一个有利于投资的环境。自 1995 年经济改革开始以来，孟加拉国在吸引 FDI 流入方面取得了相当大的成功。FDI 的流入为孟加拉国的经济发展作出了重大贡献。在 2021～2022 年，孟加拉国的 FDI 净流入为 34 亿美元，而 2020～2021 年为 25 亿美元。

孟加拉国已成为全球最具吸引力的新兴市场之一。2018 财年～2023 财年收到的 FDI 总额为 2,391,963 万美元，净 FDI 为 1,803,648 万美元。多年来，这种资金流动帮助国家实现了技术进步、技能升级、创造就业、改善基础设施和管理。最近，孟加拉国经济的各个部门都显示出一些迹象，表明它们受到了全球投资者的积极回应。尽管面对全球金融动荡和新冠疫情的不利形势，但是 2022 财年的 FDI 净流入显著增长了 34.83%，达到 18.27 亿美元。然而，2022 财年证券投资出现了 1.58 亿美元的流出，这低于衰退年的 2.69 亿美元流出。

一、2022～2023 财政年度孟加拉的 FDI 要点

（一）在 2022～2023 财政年度，FDI 流入总额为 44.2809 亿美元，较 2021～2022 财政年度减少 2.0758 亿美元或 4.5%（见表 3－9）。

（二）在 2022～2023 财政年度，FDI 净流入为 32.4968 亿美元，较 2021～2022 财政年度减少 1.8995 亿美元或 5.5%，较 2020～2021 财政年度增加 29.6%（见表 3－9）。

（三）2022～2023 财年的 FDI 股权资本净流入为 7.9594 亿美元，而 2021～2022 财年和 2020～2021 财年的 FDI 股权资本净流入分别为 13.4694 亿美元和 8.1617 亿美元，

较 2021 ~ 2022 财年减少 5.51 亿美元或 40.9%，较 2020 ~ 2021 财年减少 2023 万美元或 2.5%（见表 3 - 8 和表 3 - 9）。

（四）2023 年 6 月底，孟加拉国的 FDI 存量为 202.3844 亿美元，较 2022 年 6 月底的水平下降 1.3%（见表 3 - 9）。

（五）与 2021 ~ 2022 财年相比，2022 ~ 2023 财年 FDI 流入的经济指标（见表 3 - 9）如下：

1. FDI 总流入量占 GDP 的比率从 1.01% 下降至 0.98%。

2. FDI 净流入占 GDP 的比率从 0.75% 下降至 0.72%。

3. 人均净流入 FDI 从 20.08 美元降至 19.03 美元。

（六）2006 年 7 月 ~ 2023 年 6 月，孟加拉国的累计净 FDI 流入（股权投资 + 收益再投资 + 债务工具）为 329.4864 亿美元，其中净股本为 112.9693 亿美元（见表 3 - 10）。

表 3 - 8　孟加拉国的 FDI 净流入

单位：百万美元

类别	FDI 净流入			FDI 净流入总额
	股权投资	收益再投资	债务工具	
2021 ~ 2022 财年	1346.94	2044.79	47.9	3439.63
2022 ~ 2023 财年	795.94	2370.54	83.2	3249.68
2022 财年较 2021 财年的增长/%	-40.91	15.93	73.70	-5.52

资料来源：孟加拉国银行统计部外商投资管理小组。

表 3 - 9　孟加拉国的 FDI（2020 ~ 2021 财年至 2022 ~ 2023 财年）

单位：百万美元

项目	2022 ~ 2023 财年	2021 ~ 2022 财年	2020 ~ 2021 财年	2022 ~ 2023 财年较 2021 ~ 2022 财年的增长率/%	2021 ~ 2022 财年较 2020 ~ 2021 财年的增长率/%
FDI 总流入	4428.09	4635.67	3386.86	-4.5	30.7
FDI 净流入（股权投资 + 收益再投资 + 债务工具）	3249.68	3439.63	2507.31	-5.5	29.6
其中净股权投资	795.94	1346.94	816.17	-40.9	-2.5
截至 2023 年 6 月 FDI 存量	20,238.44	20,503.54	19,946.59	-1.3	1.5

续表

项目	2022~2023 财年	2021~2022 财年	2020~2021 财年	2022~2023 财年较2021~2022 财年的增长率/%	2021~2022 财年较2020~2021 财年的增长率/%
备注项目					
FDI 流入总额占 GDP 的百分比	0.98	1.01	0.81		
FDI 净流入占 GDP 的百分比	0.72	0.75	0.60		
人均 FDI 净流入额/美元	19.03	20.08	14.83		

资料来源：1. FDI：孟加拉国银行统计部外商投资管理小组；2. 对于比率的计算所使用的 GDP 和人口的数据：孟加拉国统计局。

二、主要投资来源国家和地区

2006 年 7 月 ~2023 年 6 月，孟加拉国的累计净股权投资流入为 112.9693 亿美元（见表 3-10），其中累计投资份额排名前 10 的国家和地区分别是：美国、新加坡、中国（不含港澳台）、荷兰、英国、阿联酋、马来西亚、埃及、中国香港、毛里求斯。除了埃及在近 3 年都没有 FDI 直接流入孟加拉国外，其他国家和地区依然对其每年都有投资。表 3-11 显示了按 FDI 股权资本流入量排名前十的投资国和地区近年来对孟的投资情况。

表 3-10　2006 年 7 月 ~2023 年 6 月流入孟加拉国的累计 FDI

单位：百万美元

项目	数额
累计 FDI 净流入	32,948.64
其中累计外国直接股权投资流入	11,296.93

资料来源：孟加拉国银行统计部外商投资管理小组。

表 3-11　按 FDI 净股权投资流入分列的前十大投资国和地区

单位：百万美元

序号	国家和地区	2020~2021 年（净股权投资）	2021~2022 年（净股权投资）	2022~2023 年（净股权投资）	2006 年 7 月 ~2023 年 6 月净股权投资流入累计额	占累计股本流入额的百分比/%
1	美国	166.71	620.96	261.23	2381.57	21.1
2	新加坡	87.17	164.29	95.7	1736.84	15.4
3	中国（不包括港澳台投资）	48.54	263.12	34.61	904.51	8.0

续表

序号	国家和地区	2020～2021 年（净股权投资）	2021～2022 年（净股权投资）	2022～2023 年（净股权投资）	2006 年 7 月～2023 年 6 月净股权投资流入累计额	占累计股本流入额的百分比/%
4	荷兰	255.20	37.39	114.58	833.11	7.4
5	英国	4.67	27.00	111.54	691.64	6.1
6	阿联酋	32.99	31.62	20.93	636.68	5.6
7	马来西亚	0.26	2.78	25.07	605.87	5.4
8	埃及	0	0	0	523.66	4.6
9	中国香港	17.18	46.15	49.14	459.19	4.1
10	毛里求斯	43.64	25.88	5.54	326.98	2.9
11	其他	159.81	127.75	77.60	2196.88	19.3
合计		816.17	1346.94	795.94	11,296.93	100

资料来源：孟加拉国银行统计部外商投资管理小组。

三、主要投资领域

在 2022～2023 财年，制造业的净 FDI 流入量最大，为 13.1572 亿美元，占 40.5%（其中主要是纺织品和服装，6.6219 亿美元，占 20.4%；食品，2.5599 亿美元，占 7.9%；皮革和皮革制品，1.2116 亿美元，占 3.7%）。第二大吸引部门是电力、天然气和石油，6.9059 亿美元，占 21.3%（其中电力 3.6491 亿美元，占 11.2%，天然气和石油 3.2568 亿美元，占 10.0%）。第三大吸引部门是运输、仓储和通信，4.6315 亿美元，占 14.3%（其中主要是电信部门 4.3436 亿美元，占 13.4%）。第四大吸引部门是贸易与商业，4.0373 亿美元，占 12.4%（其中主要是银行业 3.6449 亿美元，占 11.2%，贸易 5463 万美元，占 1.7%）。第五大吸引部门是服务业，2.4256 亿美元，占 7.5%（其中主要是其他服务部门 1.8612 亿美元，占 5.7%）（见表 3－12）。

表 3－12　2022～2023 财年各部门 FDI 净流入

单位：百万美元

序号	部门	2022 年 7～12 月	2023 年 1～6 月	2023 财年	占总额的百分比/%
1	农业和渔业	20.62	29.41	50.03	1.5
2	采矿和采石	0	0	0	0
3	电力、天然气和石油	463.41	227.18	690.59	21.3

续表

序号	部门	2022 年 7～12 月	2023 年 1～6 月	2023 财年	占总额的 百分比/%
	（1）电力	248.34	116.57	364.91	11.2
	（2）天然气和石油	215.07	110.61	325.68	10.0
4	制造业	664.92	650.80	1315.72	40.5
	（1）食品	70.88	185.11	255.99	7.9
	（2）纺织品和服装	358.97	303.22	662.19	20.4
	（3）药品和化学品	38.32	41.21	79.53	2.4
	（4）金属和机械产品	0.32	2.96	3.28	0.1
	（5）车辆和运输设备	0.25	0.82	1.07	0
	（6）肥料	43.98	25.78	69.76	2.1
	（7）水泥	7.03	12.90	19.93	0.6
	（8）皮革和皮革制品	93.13	28.03	121.16	3.7
	（9）其他制造业	52.04	50.77	102.81	3.2
5	建筑业	29.57	46.60	76.17	2.3
6	贸易与商业	174.46	229.27	403.73	12.4
	（1）贸易	4.11	50.52	54.63	1.7
	（2）银行业	180.49	184.00	364.49	11.2
	（3）保险业	-16.40	-3.85	-20.25	-0.6
	（4）非银行金融机构	6.26	-1.40	4.86	0.1
7	运输、仓储和通信	306.97	156.18	463.15	14.3
	（1）电信	292.18	142.18	434.36	13.4
	（2）运输、仓储和其他	14.79	13.99	28.78	0.9
8	服务业	139.48	103.08	242.56	7.5
	（1）酒店和餐厅	0.08	0.07	0.15	0
	（2）临床	3.84	5.19	9.03	0.3
	（3）计算机软件和 IT	24.47	22.80	47.27	1.5
	（4）其他服务	111.09	75.03	186.12	5.7
9	其他部门	4.56	3.17	7.73	0.2
FDI 流入总量		1803.97	1445.71	3249.68	100.0

资料来源：孟加拉国银行统计部发布的 Foreign Direct Investment and External Debt，参见正文第 13 页。Table-5：Sector-wise Net FDI Inflows during the Fiscal Year 2022-2023。

第五节　对外投资形式

孟加拉国法律对资本形态和股权比例无限制，外国投资者可以享有100%股权，允许外商投资独资企业、合资企业、私人有限公司、公众有限公司等，对外国“自然人”在孟加拉国开展投资合作不设限制。出资方式可采取现汇、设备、技术等多种方式，对二手设备出资无特殊规定。外国投资建设经济区、出口加工区，须取得相关主管部门的许可。

孟加拉国对大部分行业的投资都没有限制，但对以下4个方面的行业设有限制：武器弹药和其他防御设备和机械；核能生产；在保留林范围内进行人工造林和机械化采伐；安全印刷和采矿。

此外，还有一些是受保护的行业，即要对相关行业进行投资时，需要事先获得相关部门的批准。具体的行业如下：

- 深海捕鱼
- 银行、保险和其他金融机构
- 发电、供电和配电
- 自然资源的勘探、开采和供应
- 大型基础设施项目
- 原油精炼厂（回收、精炼用作燃料的润滑油）
- 以天然矿物为原料的中大型工业
- 电信服务（移动、蜂窝和固定电话）
- 卫星频道
- 货运、客运航空
- 海运船舶运输
- 海港、深海港
- VOIP、IP电话
- 使用从海滩堆积的重矿物的行业

下文将对外国投资者对孟加拉国投资时可以采取的投资形式展开介绍。

一、设立实体

实体形式

外国投资者可设立的企业形式，包括公司联络处或代表处、外商独资企业、合资企业、分公司、子公司、股份有限公司等。表3－13对部分不同的企业形式所具有的特点进行简要介绍。

表 3－13　外国投资者可在孟选择的业务结构及其特点

新公司、子公司	分公司	公司联络处、代表处
·成立一家 100% 的外资公司，与本地/外国合作伙伴的合资企业或孟加拉国公司 ·允许产生收入，从收入中支出费用 ·要求召开董事会会议、年度股东大会，并向 RJSC&F 提交申报表 ·汇回所有税后利润和资本 ·对公司注册时必须引入的最低或最高资本没有限制 ·大多数行业允许 100% 的外资所有权	·允许在政府允许的情况下进行商业活动 ·产生的收入须经 BIDA 批准 ·支出可以通过母公司的汇款或从批准的业务领域产生的收入来支付 ·允许通过进出口活动直接参与并赚取利润 ·在 BIDA 和孟加拉银行批准后，将所有税后利润汇回母公司 ·经孟加拉银行许可，开设并运营银行账户。经 BIDA 批准后，与股份制公司及企业注册处合并设立分公司	·联络处和代表处之间没有根本区别 ·与母公司及当地实体/供应商/承包商/工厂/客户/进口商等保持联络 ·不允许产生收入 ·所有费用应通过母公司汇入 ·除从国外带入且未使用的金额外，都不允许汇出

在当地注册成立或在国外注册成立但在当地注册的公司可以在孟加拉国开展业务。在国外注册成立的外国公司可以以私人或公众有限公司的形式设立子公司。表 3－14 是对私人有限公司和公众有限公司的对比。

表 3－14　私人有限公司和公众有限公司的对比

项目	私人有限公司	公众有限公司
最小成员数	2	7
最大成员数	50	无限制
最低董事人数	2	3
所有权转让	所有权可以转让	所有权可以转让
认购股份	不允许公开认购	允许公开认购
开始运营	有权从公司成立之日起开始	根据之前提交的声明
法律地位	董事对法案下的违约行为负责	董事对法案下的违约行为负责
管辖法案	《公司法》	《公司法》
监管机构	受 BSEC 监管	不主要受 BSEC 监管，但其中某些规定对其适用

此外，根据孟《公司法》的规定，还允许由一个自然人作为股东成立一人公司。

根据不同的企业形式，实体注册对应的具体管理机构有所不同。主要管理机构有 RJSC&F、BIDA、BEPZA 等。外国投资者必须在 BIDA 注册。

在孟加拉国开展业务必须获得许多登记证和许可证，例如进口登记证、出口登记证、消防许可证等。BIDA 注册也是在经济特区获得工业用地的强制性要求。投资者需要向 BIDA 索取申请表，并将填写好的表格连同证明文件提交给 BIDA 的相关部门。在孟创办企业的流程见图 3－3。

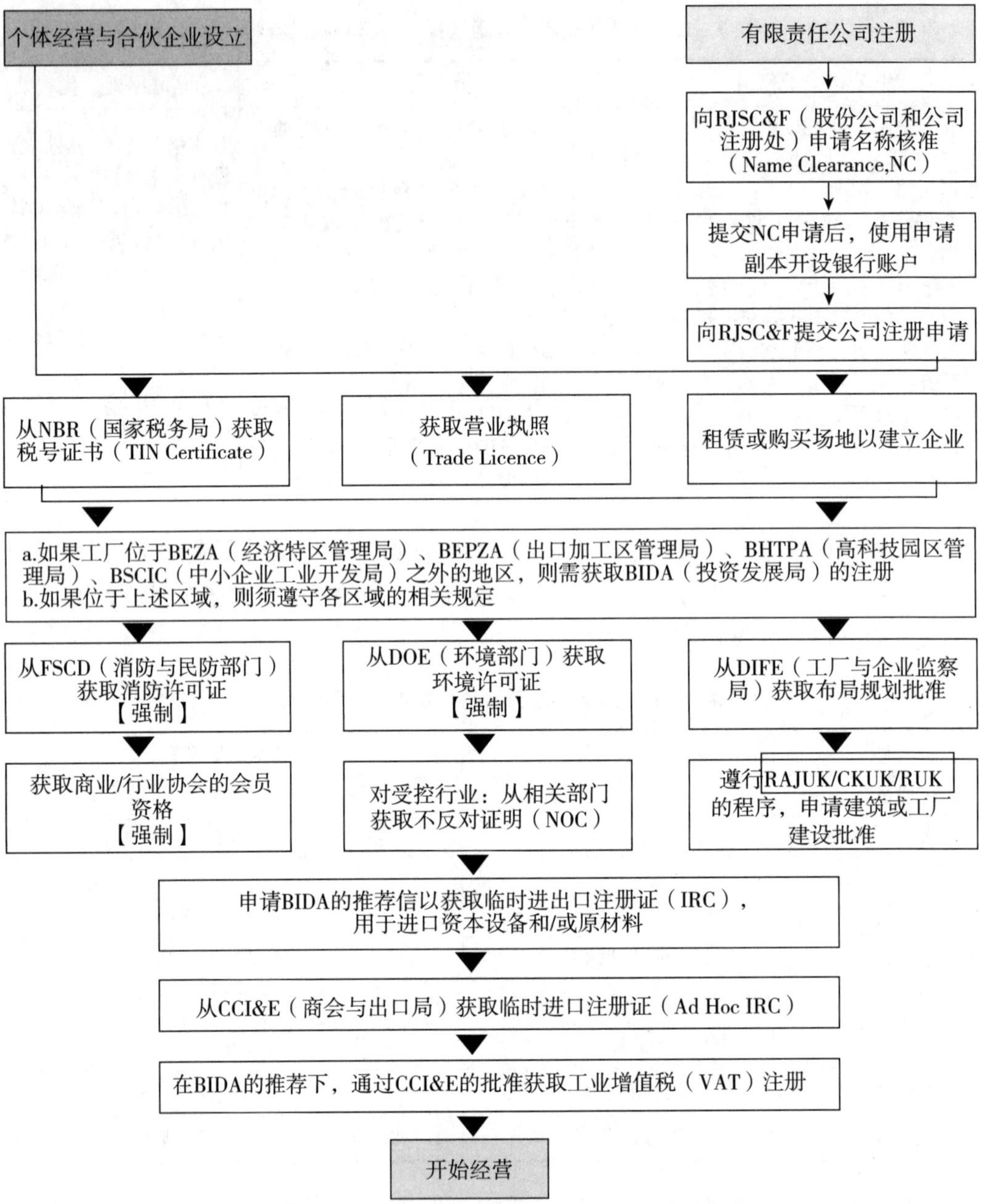

图3－3 在孟加拉国创办企业的流程

注：1. RAJUK（Rajdhani Unnayan Kartripakkha，首都开发局）：负责达卡及其周边地区的城市规划和建筑审批。

2. CKUK（Chattogram Unnayan Kartripakkha，吉大港开发局）：负责吉大港（Chattogram）地区的城市规划和建筑审批。

3. RUK（Rajshahi Unnayan Kartripakkha，拉杰沙希开发局）：负责拉杰沙希（Rajshahi）地区的城市规划和建筑审批。

如图 3－3 所示，不同的企业遵循的步骤是不同的，因此在投资建立企业之前，需要先选择好要创办的企业类型，有限公司的组建就相较更复杂一些。此外，如果设立的企业在 BEZA、BEPZA、BHTPA、BSCIC 这些区域内则需要遵守各自的程序。如在第二章第四节中提到 BEPZA 时，BEPZA 为投资者提供的服务中提及如果企业在 BEPZA，那么则不需要 IRC，这也算是一种激励政策，因此选址对设立企业所需要遵循的步骤也有重要影响。

二、兼并收购

（一）外资并购

在孟加拉国，境内外投资者（包括自然人）除传统投资方式外，还可选择股份收购、资本市场并购或收购上市公司。

（二）并购相关规定

在孟加拉国实施上市公司并购，须由并购企业提交计划，与当地法院进行讨论。并购方案需获得 75% 有投票权的股东投票通过，方视为有效。为确保银行或金融机构并购重组的办理流程规范，孟加拉国央行制定了银行或金融机构并购重组指导意见。

（三）相关法律法规

孟加拉国的并购交易受商业法和特定行业法律的制约。管理并购交易的主要法规包括《1872 年合同法》《1994 年公司法》和《2012 年竞争法》。此外，公众有限公司（包括上市公司）需确保遵守《1993 年孟加拉国证券交易委员会法》《1969 年证券交易条例》和《2018 年孟加拉国证券交易委员会（收购、大量股份收购）规则》，以及监管机构不时颁布的其他证券法规和附则。涉及外国投资和外币交易的部分，也应遵循《1947 年外汇管理法》的规定。①

三、工程承包②

孟加拉国工程项目主要集中在路桥、电信、电力、疏浚和水厂等基础设施领域。

---

① 参见《如何投资孟加拉国及孟加拉国投资方式》，载丝路印象网，https://www.zcqtz.com/news/1289701.html，最后访问日期：2024 年 11 月 25 日。

② 参见《外国企业承包孟加拉当地工程的规定》，载 https://news.goalfore.cn/topstories/detail/37693.html，最后访问日期：2024 年 11 月 25 日。

（一）外国企业承包孟工程的相关规定

1. 许可制度

外国公司承揽孟加拉国政府国际工程采购项目无须经过特别许可，但须遵守《2003 政府采购条例》和《2006 政府采购法》。工程建设与工程验收以相关招标及合同文件规定标准为准。对承包商资质，业主均会在招标文件中列明，投标时，业主会对投标人的技术资格等进行审查。

2. 禁止领域

孟加拉国无明确禁止外国公司承包的工程领域。在招标公告中，会列明允许投标公司的国别要求和资质要求。孟加拉国政府采购招标一般分为本地招标（Local Tender）和国际招标（International Tender）。本地招标不允许外国公司参与。

根据《2003 政府采购条例》和《2006 政府采购法》规定，孟加拉国各级政府采购的工程项目投标人不得为自然人，外国自然人仅能以个人名义参与相关政府采购工程项下的相关咨询工作。但是孟加拉国不限制外国自然人承揽由外国投资及私人投资的工程承包项目。

3. 招标方式

孟加拉国政府采购招标方式包括公开招标、限制性招标、直接采购、两步骤招标（技术标、商务标）4 种。除非出于国家安全或国防考虑而采用其他方式，孟加拉国政府采购项目均须首选公开招标方式。

招标公告一般通过 3 个渠道向外公布：一是通过业主网站，基础设施领域工程的业主多为孟加拉国政府的各个主管部门，此网站可查阅到孟各个政府部门网址及相关招标信息；二是通过孟加拉国主流英文报纸刊登招标公告，如《每日星报》（*The Daily Star*）、《商业标准报》（*The Business Standard*）、《金融快报》（*The Financial Express*）等报纸，通过这种渠道招标的，主要是大型的国际招标项目，对企业资质要求较高；三是通过向国际组织和各国驻孟加拉国使馆发出不定向投标邀请。

以下是一些孟加拉国官方的网站以供参考：孟加拉国政府网址 www. bangladesh. gov. bd；住房及公共工程部网址：www. mohpw. gov. bd；能源、电力及矿产资源部网址：www. emrd. gov. bd；水资源部网址：www. mowr. gov. bd；交通部网址：www. rthd. gov. bd。

详细内容一般列在标书之中，需要向业主购买。标书价格不定，从数百元到数万元人民币不等。购买标书的联系人和联系地址一般在招标公告的最末段列明。企业购买标书后，需要密切关注业主网站的更新。孟加拉国项目经常会出现公司资质要求的变化、投标截止日期延期甚至废标的现象。业主的通知一般通过上述的网站、报纸公布，单独通知投标方的情况不多，这就需要投标方予以持续关注。

4. 验收规定

由业主或业主聘请的第三方监理单位进行验收。工程质量标准及验收、免责相关规定，需要在合同中体现。

（二）PPP 模式

2012 年 8 月，孟加拉国政府颁布 PPP 法，为 PPP 项目的实施提供了明确和透明的法规和程序框架，① 并且在总理府办公室下设专门的 PPP 局，负责全国 PPP 项目投资人的选择和管理。孟加拉国政府允许外国投资者通过 BOT、PPP 等方式，参与孟加拉国基础设施建设，例如港口、机场、公路、铁路和桥梁；能源领域的电站、输电线路；民生领域的经济特区、公共建筑、会议中心、体育设施、商业地产、住宅、教育建筑、医院、供水、污水处理等，具体特许经营年限由 PPP 局、项目涉及的具体政府部门和投资人根据本项目资金回收期等具体情况共同商定，无特定的固定期限，并对外国投资者给予国民待遇。

中资企业积极利用 PPP（含 BOT、BOOT②、PFI③、BOO④、BLT⑤、DBFO⑥ 等多种模式），参与孟加拉国基础设施建设。其中，帕亚拉燃煤电站项目由中机公司和孟加拉国国有的西北电力公司联合投资建设，项目模式为 BOO，项目一期已建成并投入运营；博杜阿卡利 1320MW 燃煤电站项目是北方国际合作股份公司与孟加拉国乡村电力公司联合投资的电力 PPP 项目，双方各占股 50%，项目已于 2019 年 8 月开工；中国经济工业园项目由中国港湾工程有限责任公司与孟加拉国经济园区管理局联合投建，项目合作模式为 PPP。作为南亚首个同中国签署共建“一带一路”合作谅解备忘录的国家，近年来，孟加拉国与中国在共建“一带一路”框架下的合作硕果累累。2022 年，由中资企业承建的帕德玛大桥正式通车，该项目作为“孟中印缅经济走廊”的重要一环，进一步完善了泛亚铁路和亚洲公路网，极大地促进了孟加拉国及南亚区域的互联互通和经济发展。截至 2023 年底，中企在孟建成公路 12 条、桥梁 21 座，一批交通基础设施项目正在建设或即将投入运营，成功带动数十万当地人就业。

---

① 参见《孟加拉国专题之基础设施 PPP 模式的规定》，载 https://www.goalfore.cn/a/4050.html，最后访问日期：2024 年 11 月 25 日。

② BOOT（Build-Own-Operate-Transfer），建设—拥有—运营—移交。

③ PFI（Private Finance Initiative），英文原意为“私人融资活动”，在我国被译为“民间主动融资”。

④ BOO（Build-Own-Operate），建设—拥有—运营。

⑤ BLT（Build-Lease-Transfer），建设—租赁—移交。

⑥ DBFO（Design-Build-Finance-Operate），设计—建设—融资—运营。

第四章　孟加拉国投资环境

第一节　吸引外国投资的基本优势

一、廉价的劳动力

孟加拉国人口数量居全世界第 8 位，截至 2024 年人口总数约已达 1.7 亿。人口密度超过 1165 人/平方公里，全国人口年龄中位数仅为 27 岁，劳动力资源充足且价格低廉，孟加拉国的最低工资标准较低，目前最新上调为每月 12,500 孟加拉塔卡（约合 115 美元），相关研究机构在 2021 年对亚洲 29 个主要城市和地区的投资相关成本进行了比较调查，发现孟加拉国提供了具有竞争力的低成本基础，属于劳动力成本洼地。孟加拉国的工资和薪金仍然是南亚地区最低的，具有强大的劳动力成本优势。同时，孟人口受过良好教育、适应性强且爱护和平，官方和民间均没有排华或反华倾向，拥有许多劳动密集型行业的熟练工人。达卡的熟练劳动力成本基数仍低于其他主要城市，且管理等级薪资水平比新加坡、上海、曼谷低 2 ~ 3 倍。根据孟加拉国统计局最新估计，孟加拉国高级管理人员每月工资水平在 1000 ~ 2500 美元，中级经理级管理人员每月 400 ~ 500 美元，技工每月 150 美元左右，普工每月 115 美元左右。孟加拉国政府规定，自 2024 年 2 月起，成衣工人每月最低工资标准不得低于 12,500 塔卡，孟加拉国无强制性缴纳社会保险要求。孟加拉国具备劳动力充足、劳动力价格较为稳定等特点，是世界上最大的青年劳动力市场之一，其竞争力主要在低端制造业和劳动密集型产业。同时，孟加拉国是世界第二大服装生产基地，其能以高技能劳动力按时、可靠地生产极具价格竞争力的产品。成衣产业集群也为当地供应商提供了丰富的产业配套、熟练劳动力、培训和技术开发设施。虽然各行业薪资根据工种和熟练程度有所不同，但是鉴于成衣制造行业是孟加拉的支柱产业，基本可以上述工资标准作为参考用于投资决策。

二、潜在的巨大市场

中国是孟加拉国第一大贸易伙伴，孟加拉国是中国在南亚地区第二大贸易伙伴。2022 年，中国对孟出口 268. 1 亿美元，2023 年孟进口总额为 534. 47 亿美元，随着孟加拉国 GDP 快速增长（增速基本在 7%/年）和人口红利可预见的消费力和需求增长以及对中国进口需求的占比的增长，无论是针对孟加拉国的市场的贸易还是投资建立工厂，其潜力都是巨大的。

自 2010 年 7 月 1 日起，中国在《亚太贸易协定》框架内对孟加拉国原产的 4762 个税目输华商品实施零关税，约占全部税则税目的 60%。自 2018 年 7 月 1 日起，根据《〈亚洲—太平洋贸易协定〉第二修正案》，中国进一步扩大了对孟加拉国原产进口货物零税率的范围，例如黄大豆、黑大豆、青大豆、其他大豆、其他油菜籽等。这对有从孟加拉国进口需求的中国企业是非常有优势的。

三、独特的地理位置

孟加拉国地处南亚，位于印度与东南亚之间，拥有与中国和欧洲的直接海运通道，这为国际贸易提供了便利。从产业贸易地位的角度，孟成衣部门与欧盟、美国和日本等国家和地区已建立有利贸易关系。从地缘关系角度，孟加拉国以其在南亚的独特的区域位置可以作为南亚的商贸和建厂的大本营，辐射南亚多国。孟加拉国紧邻东南亚等各国，其商人和东南亚商贸等交流密切且频繁。同时，孟加拉国认为“孟中印缅经济走廊”有望推动孟成为区域经贸交流合作枢纽。随着“孟中印缅经济走廊”建设发展，我国跟孟加拉的经济合作必将迎来更多的机遇。2006 年，孟加拉国成为东盟地区论坛成员。另外，孟加拉国一直大力推动“孟中印缅经济走廊”建设和 BIMSTEC/孟印缅斯泰经合组织等次区域合作组织进程。

孟加拉国是多个国际贸易协定的成员国，包括 SAARC、跨太平洋伙伴关系协议等，通过这些协定享有关税减免等多项商贸优势。

孟加拉国在双边和区域贸易协定中发挥着重要作用。截至 2020 年 12 月，孟加拉国已经加入多个双边和区域贸易协定，同时还在与更多国家讨论 PTA 和 FTA。关于孟加拉国和印度双边 CEPA 前景的联合研究正在进行中。此外，孟加拉国与尼泊尔和印度尼西亚的 PTA 谈判已进入后期。

第二节　要素成本内容

一、土地厂房价格

（一）土地价格①

孟加拉国的土地法沿用的是20世纪初制定的相关法律，主要内容包括：土地私有；允许国家征用、自由出售和开发土地；国家征地给予相应的补偿；出售土地要照章纳税。土地转让要符合1882年《财产转让法》的相关规定。孟加拉国不允许外国人以私人身份买卖孟加拉国土地，但在孟加拉国合法注册的公司可以购买土地。除非经过特殊批准，原则上国有土地交易仅限于使用权的买卖，其最高使用年限（租期）为99年；位于农村地区的农业用地不能用于其他任何用途，种植两季或三季作物的土地不能改为非农业用途。

孟加拉国绝大部分土地归私人所有，土地价格因所在地区、交通便利程度、地势高低、水电气供应情况不同而存在较大差异。近年来，孟加拉国土地价格迅猛上涨。以距离达卡30公里左右的AsholiaTongi区域为例，主路附近土地价格约为20万美元/亩，距离主路较远的土地价格约为6万美元/亩，土地租赁价格为每年300～400美元/亩。达卡市中心Banani、Gulshan地区商业用地售价为3000～5400美元/平方米。

孟加拉国人多地少，土地价格逐年攀升，达卡周边的土地在每亩40万～100万元人民币左右。在孟加拉国买地一般都是公司行为，公司所取得的土地是可以转售的。房屋租金因房屋的用途、房屋品质、所处地段以及市场需求等的不同存在巨大差异。以距离达卡30公里左右的AsholiaTongi区域为例，工厂月租金为0.12～0.2美元/平方英尺。以距离达卡15公里左右的Uttara区域为例，工厂月租金为0.5～0.6美元/平方英尺。

（二）租用住房和办公场所

孟加拉国的外资企业（含国有企业、中央企业、民营企业等中资企业）总部或者办公室基本都设立在首都达卡市区范围内，其中因为安全、便利和通勤、租金成本等原因，中资企业多在Basundhara、Baridhara diplomatic zone、Baridhara DOHS、Gulshan、Banani、Mirpur、Uttara等为主的区域租赁住宅住所并且进行办公和住宿。在这些地方租房要注意：第一，有些房东仅让住宿不让办公，租前要考虑自己的用途，如若想办公、

① 《对外投资合作国别（地区）指南：孟加拉国（2024年版）》，载中华人民共和国商务部网站，https://www.mofcom.gov.cn/dl/gbdqzn/upload/mengjiala.pdf。

住宿一起的话，要和房东事先声明。第二，以上大多数区域的居所不属于商业办公场所，在公司注册和政府相关部门审查的时候需要注意。

（三）租房注意事项

在孟租厂房与租民房大致相同，要约定房东可以提供的电力、水、气、装修及违约成本等。需要特别提请注意，因房屋的用途、房屋品质、所处地段以及市场需求等不同，房屋租金存在巨大差异。目前孟加拉国共设立 8 个出口加工区，但是加工区内的土地仅供租赁；与此同时，加工区内企业 90% 的产品以出口为导向。因此，意在自己买地建厂或产品本地化销售的中国居民赴孟加拉国投资的企业均不适合在加工区内投资。

二、建筑成本

孟加拉国建筑成本见表 4－1。

表 4－1　孟加拉国建筑成本

序列	名称	建造	租赁（区内）	租赁（区外）
1	土地吹填			4～7 美元/立方米
2	钢结构厂房	247～274 美元/平方米	2.75 美元/平方米/月	1～2.95 美元/平方米/月
3	混凝土厂房	137～205 美元/平方米		1～2.95 美元/平方米/月
4	裸地		1.25～2.2 美元/平方米/年	

三、水电气的价格

孟加拉国水电气供应严重不足，停水断电现象较为普遍，除了接入政府电网线路，很多实业投资企业特别是偏远地区往往额外选择自己购买燃油发电机维持自身电力供应，并申请在厂区内打凿深水井以确保供水。表 4－2 为 2024 年政府公布的水电气价格。

表 4－2　孟加拉国水电气价格

序列	名称	价格（美元兑塔卡汇率按照 1∶109.6）	
1	汽油	125 塔卡/升	1.141 美元/升
2	柴油	109 塔卡/升	0.994 美元/升
3	煤油	109 塔卡/升	0.994 美元/升
4	电价（家用）	6.497 塔卡/度	0.059 美元/度
5	电价（商用）	10.39 塔卡/度	0.095 美元/度
6	区内自来水（商用）	25 塔卡/吨	0.228 美元/吨

续表

序列	名称	价格（美元兑塔卡汇率按照 1 : 109. 6）	
7	区外自来水（商用）	44. 2 塔卡/吨	0. 403 美元/吨
8	天然气（商用）	30 塔卡/立方米	0. 274 美元/立方米

第三节　金融与证券市场

一、当地货币

孟加拉国货币为塔卡。1994 年 3 月 24 日，孟加拉国政府宣布塔卡为经常项目下可自由兑换货币，但对资本项目仍然实行严格的外汇管制，导致金融体系与国际接轨程度甚低，因此长期以来虽然银行体系内币值相对稳定，但也同时创造了地下换汇市场。21 世纪以来，塔卡兑美元处于持续贬值状态，从 2000 年的 1 美元兑 50. 31 塔卡下跌至 2016 年的 1 美元兑 78. 4 塔卡。2013 年以后，汇率趋于稳定，基本维持在 1 美元兑 78 塔卡左右。根据孟统计局数据，2023 ~ 2024 财年，塔卡兑美元的汇率已贬值为 110 塔卡兑换 1 美元。目前，孟加拉国央行许可各商业银行设立人民币账户，但尚未签署双边货币互换协议，人民币与塔卡不能直接兑换。

孟加拉国的金融体系按监管程度分为三类部门：正规部门、半正式部门、非正式部门。正规部门包括银行、非银行金融机构（金融机构）、保险公司、资本市场中介机构（如经纪公司，商业银行等）、小额信贷金融机构。半正规部门包括不受中央银行、保监会、证券交易委员会或其他金融监管机构管辖的机构，主要包括专业金融机构，如房屋建筑金融公司、帕里噶 Sahayak 基金会、Samabay 银行，乡村银行及非政府组织。非正规部门包括完全不受中央调控的私人金融中介机构。

二、金融

（一）银行体系

孟加拉国银行数量众多，目前共有 66 家银行，其中包括 61 家指定银行：6 家国有银行、3 家专业银行、43 家私人商业银行、9 家外商业银行；还包括 5 家非指定银行：Ansar VDP Unnayan 银行、Karmashangosthan 银行、格莱珉银行、银禧银行、Palli Sanchay 银行。非指定银行是为了特殊目标而设立的银行。这些银行只能执行预定银行的部分功能。外资银行中以渣打银行为首，另有较为人所熟知的汇丰银行、花旗银行。

由于公私营银行服务效率差别甚大，近年来孟人民倾向使用私人银行。孟银行大多发行提款卡及支票簿给开户者，但各银行多自设独营的提款机，跨行提款在孟尚不普遍；信用卡在孟使用较为便利，但仍以在大城市内使用为主。

（二）中央银行

BB 是其中央银行，在孟加拉国金融体系中处于核心地位，是政府进行宏观经济调控的重要机构。其主要职能是负责控制货币发行与储备；制定并实施货币政策，管理货币及信用系统以稳定货币价值；管理外汇储备；监督银行及非银行金融机构；鼓励和发展国家生产性资源以维护国家利益等。

（三）证券市场

证券交易委员会是孟加拉国资本市场的管理机构，依据 1993 年《证券交易委员会法》行使职权，对参与资本市场经营活动的机构实施管理。

达卡证券交易所（Dhaka Stock Exchange Ltd，DSE）位于达卡 Motijheel，是孟加拉国最大的证券交易所（另一家为吉大港证券交易所，市场份额仅占 5%），成立于 1954 年，并于 1956 年开始正式交易。最初，该交易所称为东巴基斯坦证券交易所协会有限公司。1964 年更改为现用名。达卡证券交易所注册为公众有限公司，并受 1969 年《证券交易条例》、1994 年《公司法》和 1993 年《证券交易委员会（SEC）法案》的约束。交易所发布两个指数：DSE30 指数、DSES 指数。截至 2020 年 4 月，共有上市公司 589 家，市值 462 亿美元。2019 财年交易金额为 174 亿美元。2018 年 5 月，中国深交所和上交所组成的联合体正式收购达卡证券交易所 25% 的股份。达卡交易所拥有股票、债券、共同基金以及场外市场。交易以股票市场为主，占全部交易金额的 98.6%。

表 4－3　DSE 相关信息

地址	Dhaka Stock Exchange Ltd Stock Exchange Building，9/F Motijheel C/A Dhaka－1000
电话	+88－2－223384601－07
传真	+88－2－223384727
网址	https://www.dse.com.bd

吉大港证券交易所（Chittagong Stock Exchange，CSE）成立于 1995 年，位于吉大港市中心的阿格拉巴德商业区。截至 2020 年，总市值超过 380 亿美元。主要指数包括 CSE30、CSCX、CASPI、CSI、CSE50。

表 4-4　CSE 相关信息

电话	+88-3-1714632-3 +88-3-1720871-3
传真	+88-3-1714101
邮箱	info@ cse. com. bd

（四）保险市场

根据 2011 年 1 月 26 日颁布的《2010 年保险业发展与监管机构法》，孟加拉国成立了保险发展与监督局（Insurance Development & Regulatory Authority of Bangladesh，IDRA）。孟加拉国政府颁布了《2010 年保险法》，以发展和规范保险业务。孟加拉国 IDRA 公开数据显示，孟加拉国现有 32 家寿险公司（含一家外资寿险公司），46 家非寿险公司，其中包括两家国有保险公司：Sadharan Bima Corporation（非寿险公司）和 Jiban Bima Corporation（寿险公司）。这些公司受到法律和指导方针的监管，并受到 IDRA 监督。以下列举两家在孟较为知名的保险公司。

吉班保险公司（Jiban Bima Corporation，JBC）是孟加拉国唯一的国有寿险公司，成立于 1973 年，整合了 37 家人寿保险公司的 1570 千万欧元（1.57 亿美元）的资产和负债。自成立以来，JBC 追求两个基本目标：首先，覆盖风险并培养人民的储蓄习惯；其次，通过创新的人寿保险计划为该国的经济发展筹集资金。JBC 拥有全国最大的网络，覆盖 8 个地区，拥有 12 家公司，81 个销售部和 452 个分支机构。2019 年 JBC 的人寿基金已达 204.9 亿塔卡。

表 4-5　JBC 相关信息

地址	Head Office 24，Motijheel，Commercial Area Dhaka，Bangladesh
电话	+88-1-9551414 +88-1-9559041-2
传真	+88-1-9561825/9550796
邮箱	info@ jbc. gov. bd

萨达拉恩保险公司（Sadharan Bima Corporation，SBC）是一家国有保险公司，在孟加拉国财政部的直接控制和监督下运作。它是根据 1973 年《保险公司法》（第Ⅵ号法案）于 1973 年 5 月 14 日成立的，负责处理孟加拉国境内的所有普通保险和再保险业务。SBC 在 1984 年之前一直是一般保险的唯一保险人。1984 年，孟政府颁布了《保险公司（修订）条例》，允许成立私营保险公司，才陆续出现竞争者。因此，SBC 有强大的财务基础，它的市场份额超过孟加拉国保险市场总保费收入的 20%。SBC 是孟加拉国投资公

司、工业发展和租赁公司、国家茶叶有限公司、国家住房金融和投资有限公司、Aramit有限公司、中央存款库BD有限公司等的发起人股东。2021年SBC成为“AAA”信用评级机构。

（五）监管机构

孟加拉国设有四大金融监管机构，分别为BB、IDRA、BSEC、小额信贷监管局（Microcredit Regulatory Authority，MRA）。中央银行负责监管58家定期和5家非定期银行，34家非银行金融机构。IDRA负责监管18家寿险公司和44家非寿险公司。证券交易委员会负责监管证券交易所，股票交易商和经纪人，商人银行，资产管理公司，信用评级机构等。小额信贷监管局负责监管599家微型金融机构。

1. BB

对孟银行和金融机构、国外银行进行审慎监管、风险管理并制定信息披露框架，确保个别机构的偿付能力和流动性，维持整个金融体系的稳定性。除保障小额存款外，BB对持牌银行和金融机构的活动进行现场和非现场监管，并有充分的财务信息披露要求，确保银行和金融机构的存款人、金融资产投资者的存款安全。

2. IDRA

由1名主席、4名成员以及一些执行董事和执行机构不同职能的董事组成。IDRA成立的目的是监督保险业务并维护保单持有人的利益，促进孟加拉国保险业的发展，并就该行业发展向政府提供各方面的建议。根据《2010年保险业发展与监管机构法》的规定，该机构负责控制与保险和再保险业有关的机构。IDRA的主要责任包括提供保险人、再保险人、调解人的注册和证明，以及续展、修改、扣留或取消此类注册；负责保险机构的检查、查询和调查；制定新政策；控制资金和投资；维持偿付能力保证金并确定拟议的保险费率，使保险人受益；解决争端或索赔以及提供准备精算报告的程序。

3. BSEC

成立于1990年6月8日，依据证券交易委员会1993年出台的《证券交易委员会法》监管国家资本市场。该委员会由主席和4名由政府任命的全职专员组成。主席担任委员会的行政总裁。该委员会是一个法定机构，隶属于财政部。BSEC的目标是保护证券投资者的利益；推动形成一个公平公开有效的证券市场；保障证券的正常合法发行。自2013年12月22日起，BSEC成为国际证监会组织的“A”类成员。BSEC相关信息见表4-6。

表 4－6 BSEC 相关信息

地址	Bhaban，E－6/C，Agargaon，Sher-e-Bangla Nagar Administrative Area，Dhaka－1207
电话	+88－2－55007131 +88－2－55007132
传真	+88－2－55007106
网址	https://www.sec.gov.bd
邮箱	secbd@bdmail.net

BSEC 具体职能包括：监管证券交易所的业务以及所有其他证券市场；负责注册和监管股票经纪人、商业银行家、保险从业者、投资顾问以及证券市场其他经纪人等的业务；注册、监管集体投资计划包括所有互惠基金的形式；监管所有授权证券市场上自律性组织；禁止证券市场上出现任何与证券交易相关的欺诈或不公平交易；加强对投资者的管理，为证券市场经纪人提供培训；禁止内部成员从事证券交易；有权对证券交易商或发行者、证券交易和经纪人以及证券市场上所有自律性组织进行调查和审计。

4. MRA

MRA 是监测和监督小额信贷运作的中央机构，其根据《小额信贷监管机构法》（2006 年第 32 号法）创建。非政府组织在孟加拉国经营小额信贷业务，必须获得 MRA 的许可，相关信息见表 4－7。

表 4－7 MRA 相关信息

地址	Sarak Gulfeshan Plaza，6th Floor，Baro Mogbazar Ramna，Dhaka－1217
电话	+88－2－8333245/8332517/8332986/8333196
传真	+88－2－8333257
网址	https://www.mra.gov.bd http://mra.portal.gov.bd
邮箱	info@mra.gov.bd

第四节 政府持续优化外商投资环境

联合国贸发会议发布的 2021 年《世界投资报告》显示，2020 年，孟加拉国吸收 FDI 存量为 193.95 亿美元，减少了 11%。孟加拉国在 46 个 LDC 中流入投资资金排名第二。

外资安全审查为了吸引 FDI，孟加拉国投资审查机制相对自由，因此相关法律和政策缺乏关于审查外国投资安全的有效规定。BIDA 负责筛选、审查和批准孟加拉国的 FDI，以确保投资不会与当地企业产生冲突，但其主要职能仍体现在对投资的激励和保护。目前执行的外资安全规定主要体现在政府对所有权的要求方面。外国和国内私人实体可以在孟大多数类型的商业企业中建立、经营、处置权益。孟加拉国允许私人投资发电和天然气勘探，但尚未允许外国全面参与石油营销和天然气分销，外国投资者可以享有 100% 股权，允许外商投资全外资企业、合资企业、私人有限公司、上市公司等，对外国“自然人”在孟加拉国开展投资合作不设限制。出资方式可采取现汇、设备、技术等多种方式，对二手设备出资无特殊规定。FDI 建设经济区、出口加工区，须取得相关主管部门的许可。

以下是几个主要方面的优化营商环境相关举措①。

一、设立实体开放和流程简化

实体形式

外国投资者可设立的企业形式，包括公司代表处或办事处、外商独资企业、合资企业、分公司或子公司、股份有限公司等。

实体注册

根据不同的企业形式，实体注册对应的具体管理机构有所不同（见表 4－8）。主要管理机构有 RJSC&F、BIDA、BEPZA 等。外国投资者必须在 BIDA 注册。在孟加拉国开展业务必须获得许多登记证和许可证，例如进口登记证、出口登记证、债券许可证等。BIDA 注册也是在经济特区获得工业用地的强制性要求。投资者需要向 BIDA 索取申请表，并将填写好的表格连同证明文件提交给 BIDA 的相关部门。企业家必须遵循 9 个特定程序和法律步骤才能在孟加拉国开展业务（见表 4－9）。

① 以下内容来源于商务部国际贸易经济合作研究院：《对外投资合作国别（地区）指南：孟加拉国》（2022 年版）。

表 4-8　不同类型的注册企业对应的管理机构及联系方式

企业类型	管理机构	联系方式
外资公司以及国外企业注册、股份有限公司	RJSC&F	地址：TCB Bhaban，1 Kawran Bazar，Dhaka-1215，Bangladesh 电话：+88-2-8189401 传真：+88-2-8189402 邮箱：rjsc@ roc. gov. bd 网址：http://www. roc. gov. bd
合资或独资企业	BEPZA	地址：19/D，Road：6，Dhanmondi R/A，Dhaka 电话：+88-2-9675489 传真：+88-2-9661849 邮箱：chairman@ bepza. gov. bd 网址：http://www. bepza. gov. bd
分公司、子公司或代表处、办事处	BIDA	地址：Agargaon，Sher-e-Bangla Nagar，Dhaka-1207 电话：+88-2-55007241-45 传真：+88-2-55007238-40 邮箱：service@ bida. gov. bd 网址：http://www. bida. gov. bd

表 4-9　申请在孟设立新公司（外国公司和合伙公司除外）的流程

基本流程	相关机构	所需材料	所需时间
1. 申请核名证书	RJSC&F	是注册新公司（除外国公司和合伙公司外）或社团或贸易组织的先决条件。第一步：申请人在线填写申请；第二步：在 RJSC&F 网站开立电子账户；第三步：在 RJSC&F 网站上初步查名；第四步：向指定银行支付费用；第五步：提交收据；第六步：取得核名证书，并在接下来的 180 天内有效。申请人必须在此期限内申请注册	1 天（在线办理）
2. 在指定银行缴纳印花税	BB	向 BB 银行的财政部账户支付印花税。根据 2012 年 6 月 30 日修订的 1899 年印花税法，对不超过 100 万塔卡的法定股本，印花税总费用为 4000 塔卡（AOA 印花：3000 塔卡，AOA 大纲印花：1000 塔卡），每份文件认证副本费用为 50 塔卡	1 天
3. 登记注册	RJSC&F	第一步：根据实体类型准备 MOA 和 AOA；第二步：访问 RJSC&F 网站申请公司注册；第三步：填写核名申请号和证书号；第四步：填写公司形式；第五步：附上公司章程大纲和公司章程；第六步：提交注册申请；第七步：存入所需费用并收到指定银行的付款单；第八步：在线上传文件；第九步：打印上传的文件并将这些文件和付款单提交给 RJSC 办公室；第十步：接收 RJSC 办公室颁发的公司注册证书	不到 1 天（在线办理）

续表

基本流程	相关机构	所需材料	所需时间
4. 制作公司印章	任何印章制作店	企业创始人可以在印章制造商处为公司制作印章，费用为 100～200 塔卡	2～4 小时
5. 开设银行账户	任何公共或私人银行	开设银行账户才能注册 VAT。企业需前往相关银行并开设银行账户	时间 1 天（与之前的程序同时进行）
6. 获得贸易许可证	各自业务领域的城市公司或市议会	第一步：从城市公司[1]/市政公司/联合办事处拿到申请表；第二步：将填妥的申请表连同证明文件提交给相关部门；第三步：由许可监督员检查；第四步：在相关办公室存入所需费用；第五步：从城市公司/市政公司/联合办事处获得贸易许可证。许可费：1000～20,000 塔卡，取决于业务的性质/类型。（信息可以从 City Corporation/Municipal Corporation/Union Parishad 收集）对有限公司，许可费是根据基础确定的实收资本	时间 7 天
7. 为公司取得 TIN 证书	NBR 或下属税务机关	每家公司都必须获得 NBR 的 TIN 证书。企业家可以在线填写规定的表格申请并立即获得 TIN 证书。或者，企业可以在 NBR 下属的相应税务机关（税务委员会、地区税务部门）进行税务登记，并获得 TIN	1 天（在线办理）
8. VAT 登记	NBR、RJSC	第一步：从 NBR 区办公室或 NBR 网站获得申请表；第二步：将填写好的申请表连同证明文件提交给区办公室；第三步：由 NBR 官员核实文件；第四步：对营业场所进行实地检查；第五步：获取 VAT 登记证。该项业务免费	1～2 个工作日
9. 在孟加拉国 BIDA 注册	孟加拉国 BIDA	第一步：到 BIDA 注册投资处领取当地投资登记表；第二步：根据任何预定银行的费用表存入给孟加拉国 BIDA 的注册费，并收取付款单/银行订单；第三步：将填妥的申请表连同证明文件提交至相关部门；第四步：BIDA 审查申请和文件；第五步：如果申请获得批准，将颁发注册证书。费用为 5000～100,000 塔卡	15～30 个工作日

注：〔1〕如 DSCC、达卡北方城市公司（Dhaka North City Corporation，DNCC）等。

二、基础设施持续完善

在电力方面，孟加拉国为保持年均不低于 6% 的经济增长速度，并且实现 2021 年全国民众都能获得电力供应的目标，正在努力增加电力供应和扩大电力输送网络。孟加拉国政府积极出台政策，通过 PPP、RPP、IPP 等推动电力行业发展，以实现到 2021 年装机总容量达 24,000 兆瓦以及到 2030 年装机总容量达 40,000 兆瓦的目标。在铁路方面，孟加拉国铁路目前仅承担4%的交通运输量。2013年6月，孟加拉国计划委员会交通运输协调局与孟加拉国铁道部联合制定了《2010—2030年铁路发展规划》，提出孟加拉国全境将逐步统一使用宽轨建设标准，并在首都达卡兴建城市轨道交通，以缓解中心城市交通拥堵现状。2018年，孟加拉国政府已开始建设多哈扎里—考克斯巴扎（129.58km）、卡鲁哈利—通济帕拉（132km）等多条铁路线。2018年2月，孟加拉国铁路局完成全国客货运铁路总体规划，将分五个阶段实施，预计到2045年末全国铁路系统总投资将达到5.1万亿塔卡。在其他项目上，孟加拉国政府同时计划在机场建设、内河运输方面增加投入，拟对主要机场进行升级改造，以增加旅客流量、提高货物的吞吐能力。孟加拉国大型河流的疏浚清淤也一直是政府关注的重点项目。

三、外商投资奖励较为丰厚

孟加拉国鼓励外商以及投资奖励措施主要包括：

（1）100%出口产业可享有1%的资本机械类设备及零件课税率。其他产业则须支付3%的税额。此类设备也无须缴付VAT。

（2）上市公司股息（除银行、保险及金融机构外）若在20%以上，可享有10%税减。该类公司股息若低于10%则须多缴付10%的税金。

（3）电信公司若成为上市公司并已有10%实收资本，课税率从45%降至35%。

（4）出口部门可享有退税、外汇使用便利、创业资助方面的系列优惠待遇。

（5）能源产业享有税费等优惠待遇。

（6）技术咨询费和国外贷款利息免税，投资者享受签证和投资移民等方面的优惠待遇。

（7）出口至欧盟、加拿大、澳洲及日本等多数发达国家和地区可享有免配额及最惠国待遇关税。

（8）针对新冠疫情国际情势，2020年4月下旬，经济特区增设了放开二手设备进口、免征公司税、免征外资土地租金VAT等优惠待遇。

四、优化市场准入门槛

孟加拉国关于外商投资领域的政策非常开放，仅对部分行业禁止或限制，外国企业享受国民待遇。

根据《2010年工业政策法令》（National Industrial Policy 2010）规定，禁止投资的领域包括：枪、弹药及军用国防机械设备；在森林保护区内的森林种植及机械化开采；核能源生产；有价证券（钞票）的印刷和铸造。

出于环境保护、公众健康，以及国家利益的考虑，孟加拉国政府可根据实际情况确定某些领域为限制领域。目前，限制领域包括：深海捕鱼；银行/金融机构私营业务；保险公司私营业务；私营领域电力生产、供应和传输；天然气、油、煤、矿产的勘探、开采和供应；大规模项目（如高速公路、单轨铁路、经济区、内陆集装箱装卸站/货运站）；原油精炼；用天然气和其他矿产为原料的中大型工业；通信服务；卫星频道；客运/货运；海滨船运；海港/深海港；VOIP/IP 电话等。

除了上述限制投资的领域，外国公司或个人均可在国民经济各领域进行投资。在互利的基础上，投资方式可以选择独资或合资。孟加拉国政府鼓励外国投资的领域包括基础农业和农产品加工业、人力资源出口业、造船业、可再生能源业、旅游业、基础化工业、成衣业、草药、黄麻及黄麻制品、皮革及其制品、医院和医疗、轻工业、塑胶业、家具业、手工制品、节能产品、冷冻渔业、茶业、家纺、制陶业、珠宝业、玩具业、集装箱服务、仓储业、创新和进口替代品业、化妆品业等。

第五章　孟加拉国贸易投资法律规范与风险防范*

第一节　孟加拉国投资法律体系概述

在南亚地区中，孟加拉国被认为是对外商投资最为开放的经济体之一。自 20 世纪 70 年代起，孟加拉国政府接连出台多项旨在优化国内投资环境、鼓励外商投资的政策。在法律层面，孟加拉国推动立法部门针对外商贸易投资领域制定多项法案，旨在最大限度消除在投资贸易领域中缺乏法律明文规定或法律规定不甚明确的情况，为外商投资贸易提供更加友好、平等、便利的投资环境。

孟加拉国投资贸易法律体系由孟加拉国国内法、孟加拉国与中国共同签署或加入的多边国际条约以及与中国签订的双边贸易投资协议协定组成（见图 5－1）。孟加拉国国内法由多部法案组成，针对外商投资贸易投资领域涉及的投资准入、投资方式、外商投资保护、征收征用及补偿等领域进行规制。其中，主要的法案有：

1. 《外国民营企业投资法》（The Foreign Private Investment Promotion and Protection Act）
2. 《投资法》（The Investment Board Act）
3. 《孟加拉出口加工区法》（The Bangladesh Export Processing Zones Authority Act）
4. 《孟加拉民营出口加工区规定》（The Bangladesh Private Export Processing Zones Act）
5. 《公司法》（The Company Act）

孟加拉国目前出台的投资贸易法案已基本涵盖外商投资贸易所涉及的相关领域，如税收、外汇、进出口、劳动用工等；同时通过法律形式确立了外商投资贸易的主要监管

---

* 因本章所涉及的孟加拉国国内法（不包含孟加拉国加入的多边国际条约及与中国签订的双边国际条约）尚无官方中译本，故本章涉及的孟加拉国国内法均基于孟加拉国政府公布的官方英译本自行翻译。本章所涉及的全部孟加拉国国内法的孟加拉语原始版本及官方英译本详见孟加拉国法律官方数据库 Laws of Bangladesh，http://bdlaws. minlaw. gov. bd/laws-of-bangladesh. html。

机构：BIDA，BEPZA，BB 等。

除了上述监管部门外，外商进行投资贸易活动时也可能存在根据相关法律规定需要向孟加拉国其他政府部门申请许可或审批的情形，因此，根据具体投资领域的不同，投资方可能同时受到多个政府部门的监管。

孟加拉国在税收、外汇、基础建设等领域，从法律层面进行规范，建立外商投资鼓励机制为外商投资提供便利。外商银行账户内的塔卡均允许兑换为投资者本国货币，且投资所产生的利润、股份分红等可自由汇回本国。外商投资仅需向投资主管部门进行登记，而无须就投资事宜另行向其他政府部门申请审批或登记，极大程度简化了外商投资程序①。

为了保障外国投资者的合法权益，保证国内投资环境公平有序，孟加拉国政府不断加强外国投资者在孟加拉国国内应享有的国民同等待遇，在此种努力下，外国投资者与孟加拉国本国投资者在投资贸易法律层面已经鲜有区别。

《外国民营企业投资法》第 4 条规定，对外商投资，政府应当提供公平、平等的待遇；外国投资者在孟加拉国有权享受来自政府的全面保护和安全保障。根据《外国民营企业投资法》的规定，平等待遇是外国投资者应享有的待遇不得低于进行相类似投资的孟加拉国国民根据相关法律、规章有权取得的待遇。

在保障外国投资者私有财产权上，孟加拉国也在法律层面进行了相应规定，保证私有财产不会随意被征收征用或国有化。《外国民营企业投资法》规定，只有在公共利益需要的情况下，孟加拉国政府才有权对外商投资资产进行征收征用或国有化，孟加拉国政府必须对外国投资者进行足额补偿，且外国投资者可自由将该补偿金汇回至其本国。

孟加拉国具有相当广阔的投资前景及便利的投资条件，作为具有巨大发展潜力且发展速度极快的经济体，孟加拉国正受到更多国际投资者的关注。经过其政府的不断努力，其投资贸易法律规定更加清晰明确，法律体系不断完善，其投资贸易法律规范在多项投资贸易领域及投资者权利保护方面甚至已向国际规定或标准看齐。并且，孟加拉国国内的司法环境也不断改善，在司法层面上不断加强外国投资者应享有的平等待遇及合法权益的保护，这些措施均有助于增强外国投资者的投资信心及投资热情。

自我国提出“一带一路”倡议以来，孟加拉国作为实施“一带一路”倡议中的重要国家之一，两国在经贸领域不断加深合作，目前已有多家中国企业利用其技术、资金优势，在孟加拉国展开投资贸易活动，成了“一带一路”倡议实施的成功案例。

值得一提的是，中国与孟加拉国已在投资贸易、经济、文化、交通运输等领域签订了多个双边条约，且中国和孟加拉国也共同加入了多个国际多边条约。因此，除孟加拉

---

① 参见杨支萍：《孟加拉国投资环境系统分析》，载《国际经济合作》2006 年第 6 期。

国本国的法律外，中国与孟加拉国共同加入或签署的双边及多边条约也是孟加拉国投资贸易法律体系中重要的组成部分（见图5-1）。

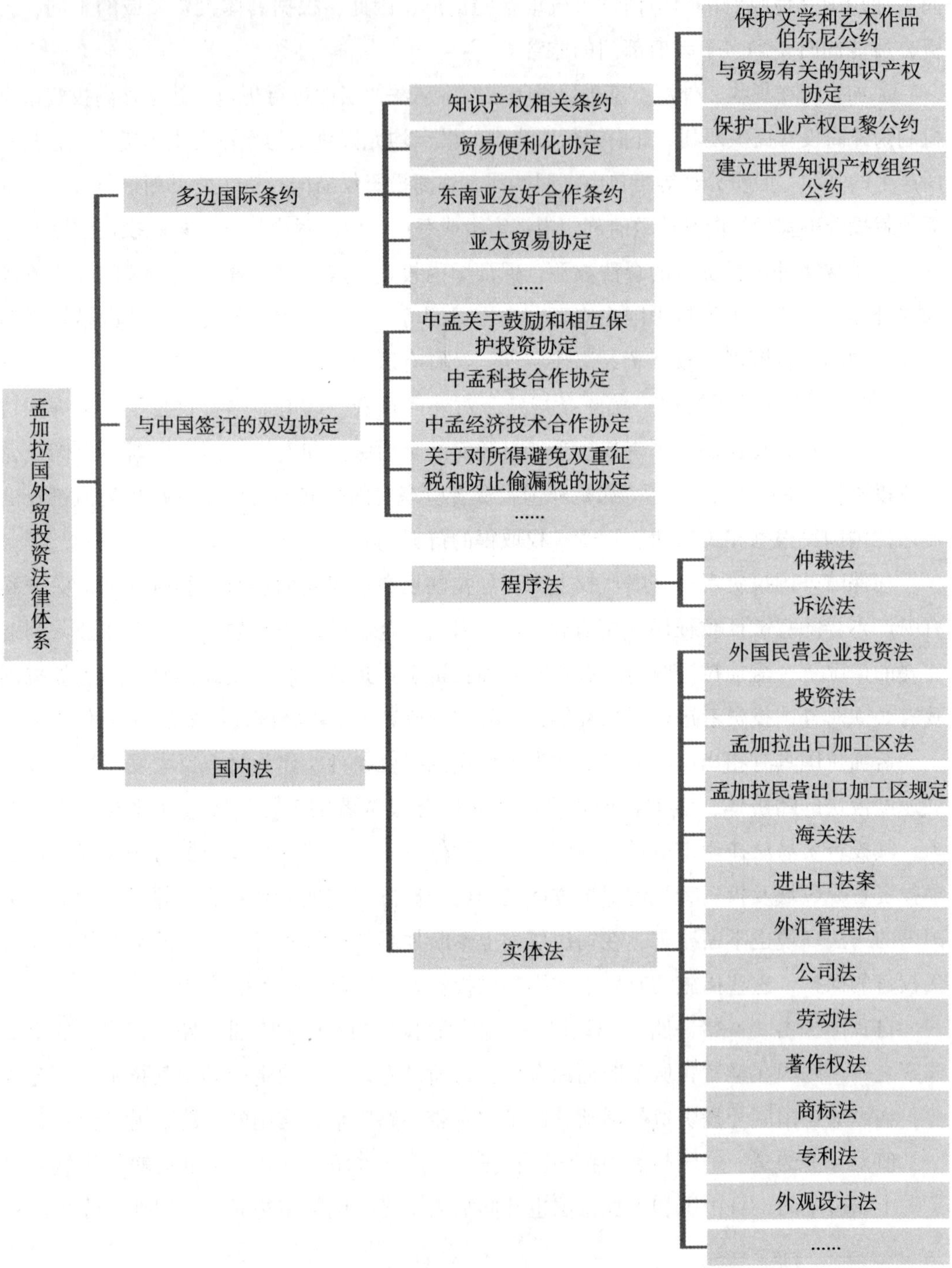

图5-1　孟加拉国外贸投资法律体系层次

第二节　孟加拉国外汇法规简介与风险防范

一、孟加拉国外汇法规简介

（一）《1947 年外汇管理法》①

孟加拉国外汇管理的主要法律规范为《1947 年外汇管理法》。该法律规定，在孟加拉国注册的外国企业可以在孟加拉国银行开设外汇账户，用于进出口结算，利润汇回，向外籍人员支付红利、技术转让费或专利费等。

根据 BB 的规定，外国机构和个人在孟加拉国金融机构可开设“可兑换”和“不可兑换”两种账户，需兑换为本地货币的外汇只能存入“可兑换账户”内，且该账户不得与本人或他人的“不可兑换账户”相互支付。

企业日常汇出外汇需逐笔申报，但无须缴纳特别税金。由于孟加拉国银行效率低下，部分企业面临其在孟加拉国取得的经营收入无法及时汇出的困境。外国人携带现金 5000 美元（其中美元现金不得超过 2000 美元，其他货币等值不得超过 3000 美元）以上出入境必须申报。

（二）外汇优惠鼓励政策

1994 年 3 月 24 日，孟加拉国政府宣布塔卡为在经常项目下可自由兑换货币。孟加拉国公民、外国人与法人企业均可通过法定银行或经销商进行货币的有关交易，而无须预先经过 BB 的同意，上述交易包括：

（1）在孟加拉国投资运营的外国公司将利润汇回投资者本国；

（2）向非孟加拉国公民发行在孟加拉国设立企业的股票；

（3）向非孟加拉国公民分发在孟加拉国设立企业的红利；

（4）非孟加拉国公民/企业通过证券交易所购买股票和有价证券方式的证券资产投资；

（5）非孟加拉国公民通过证券交易所进行证券资产投资所获红利汇回本国；

（6）符合投资局规定或经投资局同意，为私人投资的工业企业签署的卖方信贷和其他外国贷款合同开具信用证；

① 《外汇管理法》的名称源于由中国驻孟加拉国大使馆经济商务处、商务部国际贸易经济合作研究院、商务部对外投资和经济合作司于 2023 年 3 月联合发布的《对外投资合作国别（地区）指南——孟加拉国》第 33 页“4. 2. 2 外汇管理部分”，本书对该条例均使用该中文名称。

（7）为偿付上述贷款所汇出的本金和利息；

（8）符合投资局规定对外汇出的技术转让费和专利费；

（9）在投资局认证的雇用合同付出工资和奖金金额范围内，汇出存款；

（10）根据银行惯例为外国在孟加拉国企业延长定期贷款期限；

（11）按照正常的主顾关系和银行惯例延长对外国控制或运营的企业发放的运营资金贷款；

（12）通过合法经营商，外国在孟加拉国投资企业从国外主体或其他渠道获取短期外汇现款，无须支付利息；

除此之外，孟加拉国政府为鼓励出口，也出台了相应的外汇鼓励政策：

（1）出口商的年外汇留存率被重新确定为FOB价所得的40%；

（2）进口成分比例大的出口商品（如沥青、成衣、电子产品），外汇留存率为FOB价所得的10%，服务业的外汇留存率为5%；

（3）出口商可将外汇额度储存在有外汇经营权的孟加拉国银行开立的账户里。可开立的外汇账户有美元、英镑、德国马克、日元。存在账户里的外汇可作商业用途，如出国商业考察，参加交易会和研讨会，进口原材料、机械和零件等，也可用作在其他国家设立办事处。①

二、中国在孟投资企业外汇风险分析

（一）缺乏稳定外汇市场环境

孟加拉国曾发生美元外汇储备短缺危机，导致孟加拉国在国际货物贸易和金融交易中的支付能力大幅受损，这一情况会严重削弱孟加拉国主体的履约能力，对与孟加拉国进行贸易往来的中国企业而言，会产生无法按时收回货款等经济损失的风险。

外汇储备的减少通常会引发市场对货币贬值的担忧。孟加拉国此前不断下降的外汇储备可能导致市场与投资者基于货币贬值的担忧而大量抛售塔卡，导致货币贬值。而货币贬值则会进一步降低孟加拉国主体的履约及付款能力，给予孟加拉国进行贸易往来的中国企业带来更多不确定性。

对在孟加拉国进行资本投资的中国企业而言，因外汇储备急剧下降等因素带来的孟加拉国不稳定的外汇市场环境也会增加资本投资的不确定性，产生投资风险。

尽管外国企业可以在孟加拉国银行开设外汇账户进行外汇操作，但孟加拉国银行效

---

① 商务部国际贸易经济合作研究院、中国驻孟加拉国大使馆经济商务处、商务部对外投资和经济合作司：《对外投资合作国别（地区）指南——孟加拉国（2022年版）》，第33～34页。

率低下的问题可能导致企业无法及时汇出其取得的经营收入。这可能对投资企业的资金流动性产生影响，从而进一步影响企业的投资利润与正常运营。

（二）外汇管理限制严格

孟加拉国对外汇账户的开设和使用具有较多限制。例如，需兑换为本地货币的外汇只能存入“可兑换账户”内，且该账户不得与“不可兑换账户”相互支付，诸如此类的限制会增加企业在外汇管理上的复杂性和成本。

目前，虽然孟加拉国外汇领域仍以《1947 年外汇管理法》为主要法律依据，但是，为了提高孟加拉国的投资吸引力，减少外商投资领域存在的困难和阻力，孟加拉国已开启《2020 年外汇和外汇管理法》的制定工作，新法案相较于《1947 年外汇管理法》，将会取代现行外汇管理法规定的外汇管制机制。并且，新法案可能会新增有时限的服务的相关规定，该服务有助于加快当地银行开立外汇账户以及将利润或股息汇出的速度，从而吸引更多外国投资者投资。

（三）诈骗案件频发

此外，孟加拉国存在较高的商业诈骗风险，国际贸易领域诈骗案件频发。中国投资企业如需进行涉及孟加拉国的外汇操作，则需要严格审核相关交易真实性，调查评估外汇交易对手的资质信誉，以防范诈骗风险①。

三、孟加拉国外汇法律风险防范

（一）关注外汇市场最新动态

孟加拉国虽为经济发展迅速、具有广阔发展前景的经济体，但目前尚未建立成熟、完善且具备国际竞争力的外汇管理体系。孟加拉国此前发生的外汇储备短缺危机也暴露了孟加拉国外汇市场管理的缺陷。

因此，中国在孟投资企业需时刻关注国际贸易经济市场动向，把握外汇市场最新动态，提高外汇风险意识，加强风险管理，及时调整经营投资策略，减少外汇市场不确定性带来的风险。同时，孟加拉国货币塔卡汇率存在波动，需要及时跟踪实时汇率，采取措施，规避汇率风险。

企业应根据自身业务特点和市场需求，选择合适的计价货币和结算方式，以降低汇率风险。有条件的中国企业还应当选择专业金融机构以获取专业的外汇风险管理建议和服务，同时企业还可以在专业金融机构的指导下，利用金融衍生工具进行外汇风险

---

① U. S. Department of State，2021 Investment Climate Statements：Bangladesh.

管理。

（二）选择与信誉较好的银行合作

在进出口贸易方面，因孟加拉国严格的外汇管制措施，所有的进口商均需通过由BB授权的银行进行外汇交易，但孟加拉国本地银行中有部分银行因违法操作、信誉差而多次受到多家中国企业的投诉。因此，中国企业应当选择规模较大、信誉较好的银行或国际知名的汇丰、渣打、花旗等银行来进行账务处理。

（三）规避政治风险

因孟加拉国政党间政治斗争激烈，涉外投资可能会受到政治因素的强烈影响，从而导致外汇市场波动。因此，中国投资企业在孟加拉国投资开展大型项目前应当注意规避政治风险，特别是在项目前期调研中，需对政治因素加以考虑、多加注意，防止由此造成的外汇损失。

第三节　孟加拉国进出口法规简介与风险防范

一、孟加拉国进出口法规简介

（一）《1950年进出口法案》

孟加拉国政府在进出口领域最重要的法案为《1950年进出口法案》。该法案规定政府为进出口事宜的监管主体，并明确了政府在进出口方面的权力。该法案第3条规定：

（1）孟加拉国政府对货物进出口进行管理，有权限制、禁止或控制任何特定货物的进出口；规范进出口贸易活动以及进出口货物所涉及的程序性事项。对货物进出口申请所附的证明材料，许可的授予、使用、转让、买卖及撤销，要求复议或修正的申请应以何种方式、多长时间内予以处理，以及相应的收费问题等，均由政府予以规定。

（2）对法律规定不可自由进出口的特定货物，必须经稽核长或政府授权的官员颁发许可后才可进行进出口。

（3）对满足政府根据《1950年进出口法案》第3条第1款的规定所出具的命令涉及的货物，该货物也视为《1969年海关法》规定的限制或禁止进出口的货物。

（4）对进口至孟加拉国的货物，无论该货物系在孟加拉国内销售或仓储，或出口至海外，孟加拉国政府均有权禁止、限制其清关或设定清关条件。

任何进行货物进口的主体进口货物时均不得违反审批的许可范围，在无须对进口的货物申请审批的情况下，进口的货物必须根据其进口的目的进行使用或转让。

如任何主体存在违反《1950年进出口法案》的行为，则可能承担没收（违法所得）或《1969年海关法》规定的1年以下有期徒刑或罚金或两者并处的法律责任。

（二）进出口政策

除《1950年进出口法案》外，其他与进出口贸易相关的主要法律还有《国家出口奖励政策（2006年）》《进口商、出口商、采购商（注册）令（1981年）》《进出口政策（2006～2009年）》《进出口政策（2009～2012年）》《进口政策（2012～2015年）》《出口政策（2015～2018年）》《进口政策（2015～2018年）》等。①

以《进口政策（2015～2018年）》为例，该进口政策对进口相关费用、工业进口、商业进口、公共领域进口等方面进行了详细规定。相较于《1950年进出口法案》，由孟加拉国商务部制定的进出口政策详细区分不同类型的进出口主体并细分涉及的进出口货物或种类，并在此基础上详细规定相应的税收等政策。对外国投资者而言，进出口政策为其从事进出口贸易提供了明确详细的指引，有助于减少因法律规定笼统或不明确而导致的法律风险以及进行投资活动时的不确定性。

（三）《1969年海关法》

《1969年海关法》规定，孟加拉国政府对以下货物征收关税：

（1）任何出口或进口至孟加拉国的货物；

（2）自任何海外国家购买，被运输至某海关点，未在该海关点支付税款，随后被再次运输或进口至其他海关的货物；

（3）被从一个海关点运输至另一个海关点的在海关保税区购买的货物。

并且，孟加拉国政府有权根据相关法律的规定，对任何在“第一清单”中规定的货物加征不超过最高征税额的2倍税额。

根据中华人民共和国驻孟加拉人民共和国大使馆经济商务处的统计，孟加拉国进口关税税率基本在0～25%。绝大部分进口商品关税为3%、5%、12%或25%。然而，孟加拉国关税税率每财年会进行调整，部分产品调整幅度较大，故从事进出口的企业应随时关注税率等相关因素变化，并及时进行相应调整。

孟加拉国在进出口货物类型上限制较少，绝大部分货物均可自由进出口，根据孟加拉国相关法律规定，孟加拉国禁止进口以下货物：

恐怖、淫秽或有破坏性的文学作品（任何形式），任何与孟加拉国宗教信仰不同的

---

① Bangladesh Investment Development Authority, Bangladesh Investment Handbook—A Guide For Investors.

书、报纸、期刊、图片、影片及音视频存储介质，二手办公设备、复印机、电报机、电话、传真机等，所有种类的废弃物，猪肉及其制品等。孟加拉国一般情况下要求以不可撤销信用证进行国际贸易结算，进口贸易也不得采用 CIF 贸易方式。

限制出口的产品包括：尿素、音视频娱乐节目、天然气附属产品、化学武器、法案中列明的部门化工产品等。

禁止出口的产品包括：除天然气附属产品外的其他石化产品、黄麻种、小麦、武器、放射性物质、考古、人体器官及血液，除冷冻虾以外的其他虾类产品、野生动物等。

（四）其他

除《1969 年海关法》及进出口政策外，与进出口相关的法律法规还有《海关规则》（Customs Rules）、《特别法令》（Statutory Regulatory Orders）、《海关命令》（Office Order）等。上述法律法规更新速度较快，从事进出口业务的外国投资者也应随时关注上述法律的更新变化，及时调整进出口业务活动。

二、孟加拉国进出口法律风险与防范

（一）加强与海关的沟通合作

虽然孟加拉国政府积极推出一系列经济社会发展规划，加强国内基础设施建设，大力发展化工、纺织、服装等优势产业，提升国内工业竞争水平，推动外商投资及国际贸易发展，但孟加拉国政府部门效率低下、执法水平低、司法行政系统严重腐败等问题仍然在一定程度上拉低了孟加拉国在国际进出口贸易上的竞争力。

对向孟加拉国进出口货物的中国企业而言，孟加拉国海关清关过程烦琐且耗时较长，一定程度上会影响企业按时交付货物；此外，因孟加拉国腐败问题较为严重，孟加拉国海关向外国企业索要贿赂、拖延清关的情况时有发生。因此，企业需要加强与海关的沟通与合作，以确保清关过程的顺利进行。

（二）避免违反进出口禁令

在进出口管理方面，如前所述，孟加拉国对部分商品实施了禁止或限制进出口的措施。中国企业需要及时关注孟加拉国海关最新进出口规定，以防违反孟加拉国进出口禁令造成不必要的损失。

（三）建立事前风险预估防范机制

孟加拉国存在较大欺诈风险，目前已有许多与孟加拉国进行出口贸易的中国企业报告了其与孟加拉国主体进行国际贸易反被诈骗的情况。需要中国企业尤其注意的是，孟加拉国货物进出口有以下两个特殊规定：

1. 货物到港3个月（水果蔬菜等货物为45天）未提货，将被海关拍卖，且原买方有优先购买权，拍卖所得归入国库；

2. 已到港的货物，如要退运或转卖，必须得到原买方的同意。

孟加拉国主体利用该国货物进出口的特殊规定，以各种借口拖延付款交单，如卖方在信用证最晚交单期届满前仍未交单，则买方甚至可以完全躲避付款义务，仅需等待货物到港3个月后直接参与海关货物拍卖，便可以极低的价格取得货物，造成中国出口企业产生巨额损失。

为减少此类事件产生的损失，中国企业需要事前评估调查交易对手的资质信誉，对交易对手反常的交易要求或交易习惯，需要提高警惕。如计划投资开展项目的，应当对当地相应的政治风险和商业风险进行分析和规避，对项目本身实施的可行性也需进行全面分析。如条件允许，最好聘请专业资信调查机构，对合作对象资信状况进行调查。

企业应建立凡交易必签订书面合同的意识；严格依据合同规范双方贸易行为；切忌放松合同审核甚至以形式发票代替合同开展贸易；坚决拒绝对方提出的任何违法要求，以防落入任何违法犯罪的陷阱之中。如发生贸易纠纷，应当严格依据法律和合同约定处理。如希望与对方协商解决，应当与对方达成书面协议，切不可轻信对方的口头承诺，以免给自身造成损失。

（四）详细了解开证行信誉情况

考虑孟加拉国银行信誉相对较差，银行与进口商沆瀣一气拒付货款或无理压价的情况时有发生，中国企业应在交易前详细了解买家拟使用的开证行信息，并通过查询中国驻孟加拉国大使馆公布的孟加拉国银行风险名单、咨询国内银行或中国信保等相关专业机构等方式了解该银行信誉情况，必要时应要求买方更换开证行以规避因银行信用问题而产生的损失。

除孟加拉国法律规定无须使用信用证进行的贸易外，外贸交易均需使用信用证进行交易。根据中华人民共和国驻孟加拉人民共和国大使馆经济商务处统计的情况，有较多出口孟加拉国的中国企业因孟加拉国信用证拒付问题而投诉，现实情况中多存在进口商与银行事先协商，由银行违规操作放单，损害出口商利益的情况。

因此，中国企业在与孟加拉国主体进行贸易时，应当重点审查合同中的付款方式和争端解决条款；在信用证方面，要重点了解开证行的信誉，挑选信用较好的银行开证；对金额较大的合同，需购买贸易保险，减少可能出现的损失。

（五）积极使用外贸保险与担保服务

中方外贸企业应积极利用贸易保险、外贸担保等保险金融机构和其他专业风险管理机构提供的相关服务，包括贸易、投资、承包工程和劳务类信用保险、各类担保业务（政府担保、商业担保、保函）等，以保障自身利益。

目前中国对外投资企业可选择由中国政府提供信用背书的保险及担保机构，例如使用中国政策性保险机构——中国出口信用保险公司提供的包括政治风险、商业风险在内的信用风险保障产品，或使用中国进出口银行等政策性银行提供的商业担保服务。如企业在外贸过程中发生了风险损失，企业可通过信用保险机构定损核赔、补偿风险损失，再由相关机构协助信用保险机构追偿。

如中方企业发现对方可能涉嫌违法犯罪的，应当及时向中国驻孟加拉国大使馆汇报，在大使馆的帮助与协调下向当地司法机关报案或起诉，积极主动通过法律手段维护自身利益。如条件允许，最好聘请当地律师等专业人士协助。

（六）密切关注国际经济形势

孟加拉国经济条件一般，经济结构较为单一，对国际对外贸易较为依赖，造成其国内经济极易受到外部冲击，影响涉孟加拉国进出口业务的稳定性，且政府大幅借贷、通货膨胀等问题也可能对进出口业务造成不利影响。因此，企业需要密切关注孟加拉国和国际经济形势变化，及时调整进出口策略。

第四节　孟加拉国土地相关法规简介与风险防范

一、孟加拉国土地相关法规简介

（一）土地相关法律规定

孟加拉国的土地法为20世纪初制定的法律文本，主要规定的内容有：孟加拉国实行土地私有，在依法纳税的前提下，土地可自由出售。如拟对土地进行开发，则需要根据相关法律的规定向政府上报土地开发的具体细节，并经政府审核批准。孟加拉国政府在法律规定的情形下可以征用土地，但必须给予相应的补偿。

孟加拉国法律规定外国投资者在孟加拉国投资设立的公司可以购买私人拥有的农业耕地，但如涉及国有农业耕地，相关规定与我国农村土地承包经营权相似，外国投资公司仅能通过承包方式获得经营权，其最长经营期限为99年。外国投资公司取得国有农业耕地承包经营权后不得改变土地性质和经营用途，未经批准不得擅自将经营权转让给第三人。

（二）林地相关法律规定

孟加拉国主要林地均为国有，外国投资者仅能通过承包方式获得林地的经营权。林地经营权期限主要取决于不同承包区域，不同区域的承包经营时限具有较大差异。取得林地承包权的外国投资者不得在未经孟加拉国林业部批准的情况下砍伐所承包区域内的林木。在森林保护区内，不得投资森林种植及机械化开采活动。

二、孟加拉国土地相关法律风险与防范

（一）加强对拟交易地块的权属调查

对外商投资而言，无论是选择购买或是租赁土地，都是开展投资活动过程中非常重要的一环。然而，孟加拉国土地法目前仍沿用20世纪所制定的法律，过于陈旧的法律在很大程度上已不能满足经济发展的需要，加之孟加拉国落后的土地登记系统使土地交易更加复杂且风险丛生。

在现实情况中，一块土地可能会包含数个甚至数十数百个小地块，这些小地块可能存在非常复杂的交易历史，而这些复杂的交易历史往往不会全部展现在政府的土地管理系统中，从而导致土地实际权属或使用情况不明。除此之外，政府部门的土地权属文件也有可能存在产权信息登记错误、历史变更记录缺失、登记土地面积与实际土地面积不符等情况，故土地的真实状况也无法仅依靠政府部门的土地权属文件获知。

加之孟加拉国土地法规定土地权属变动自交易行为完成之日起生效，而非自登记之日起生效，这也有可能导致一个善意的购买人无法获得相应土地权利。

由于前述原因，孟加拉国土地权属纠纷频发，甚至土地买卖、租赁的诈骗案件也屡见不鲜。例如，实际对土地不享有任何权利的人声称其具有土地所有权和使用权，向善意的购买人出售土地从而获取土地转让金或土地租金；或购买人从土地真正的所有权人或使用权人处购买或租赁土地后，对该土地实际不享有任何权利，第三人却提出虚假告诉，骗取赔偿；等等。

因此，如在孟加拉国需租赁或购买土地，可选择聘请当地专业律师或服务机构对交易土地进行必要的尽职调查，梳理土地历史交易情况，厘清土地权属，以及确定该土地是否存在任何未缴纳款项（如孟加拉国的土地所有权人需向孟加拉政府支付的土地使用费），防范可能产生的土地纠纷风险。

（二）加强地块周边安全防范

虽然孟加拉国总体治安状况良好，但针对外籍人员的袭击暴力事件仍广泛存在，并

且在临近孟加拉国大选时，政治斗争往往也会造成社会态势紧张，尤其在发生罢工、游行期间，需要注意生产安全和人身安全的风险防范。

孟加拉国不同地区、民族、宗教之间差异较大；民情迥异，中国投资企业应特别注意加强对投资地点周边环境及习俗的了解以及与当地民众的交流沟通，努力融入当地社会，从而为自身发展争取良好的环境和必要的支持①。

第五节　孟加拉国劳动用工法规简介与风险防范

一、孟加拉国劳动用工法规简介

(一)《2006 年劳动法》简介

孟加拉国在劳动用工领域最重要的一部法律是 2006 年劳动法②。这部法对用人单位用工条件、女职工保护、劳动者卫生与健康、劳动者福利、法律责任、劳动监督、争议管辖法院等多个方面作出了规定，对用人单位的劳动用工行为进行了较为完善的规制。有学者认为，《2006 年劳动法》相较于旧劳动法，修改了旧劳动法中规定模糊不清的内容，使法律规定更为明确清晰，与国际劳工组织的核心条约精神保持一致。

(二) 工人的法定分类

根据《2006 年劳动法》的规定，工人的定义为任何人，包括在任何行业或企业被雇佣的从事技术、手工、商业宣传、行政等工种的学徒，而无论其为直接雇用，或由承包商雇用，以及雇用期限是否明确约定。

孟加拉国劳动法规定工厂或企业员工最小年龄为 18 周岁。雇佣合同一般为书面合同。雇用前一般有 3 个月试用期，试用期最长可延续至 6 个月。试用期内，双方均可在不通知对方的情况下随时终止合同。

《2006 年劳动法》将工人分为以下几类：（1）Apprentice；（2）Substitute/Badli；（3）Casual；（4）Temporary；（5）Probationer；（6）Permanent；（7）Seasonal。

其中，Apprentice 为学徒，用人单位仅向其支付补贴；Substitute/Badli 为永久雇用或在永久雇用前的试用期间的人员；Casual 为自由工；Temporary 为仅在一段期间内被雇用的人员；Probationer 为需经过试用期的永久雇用人员；Permanent 为已完成试用期的

---

① 参见王志刚、林继江：《孟加拉国矿产资源及其投资政策》，载《西部资源》2006 年第 6 期。

② 孟加拉国政府针对《2006 年劳动法》出台了 2013 年劳动法修订案，该修订案在《2006 年劳动法》的基础上进行修订，旨在强化对工人权益的保护。

永久雇用人员；Seasonal 为仅在用工季中被雇用的人员。

（三）工作时间与休息休假

企业决定雇用人员时，必须向该人员开具雇佣信并发放工卡。工人每天工作时长为 8 小时，每周工作时长为 48 小时，超出规定时间视为加班。加班不得超过 10 小时/天，60 小时/周，星期五为休息日。加班必须是工人自愿行为，加班费为基本工资的两倍。

孟加拉国法律规定工人可以享有以下假期：事假、病假、每周的宗教日、节假日、年假、产假。孟加拉国法律规定，工人在用人单位工作 1 年的即有权享有年假假期，年假的工资按照法律规定的方法计算，且根据工人从事行业的不同，其年假工资的计算方式也有所不同。

如果工人突然发生疾病、事故或其他紧急事件，客观上无法提前请假的，工人有权享有相应的“任意假期”（Casual Leave）。1 年之中工人共享有 10 天的“任意假期”，且工人有权获得“任意假期”期间的工资。

（四）劳动关系的解除

任何员工服务于同一企业 6 个月及以上即视为固定工或正式工，公司辞退员工应提前 120 天做出书面通知。如通知期不满 120 天的情况下，企业需要给予员工 120 天的基本工资作为补偿。

如用人单位因削减成本原因需辞退工人的，用人单位需要提前 1 个月向该工人发出书面通知，或者向该工人支付 1 个月的工资。如用人单位发出书面通知的，还应该将该书面通知的副本交与政府部门负责监管该事宜的监管官员。并且，用人单位还应当向其支付 30 天的工资或退职金作为补偿，两者按照金额高的确定。

如工人存在违法犯罪行为，例如盗窃、行贿受贿、诈骗，或者故意不遵从用人单位的指示，用人单位有权终止与该工人的劳动合同，无须向该工人发出通知或警告，也无须向其支付任何费用。

如用人单位因自然灾害、停电、大流行疾病、暴乱等无法控制的原因而导致全部或部分无法开工的，如果此种情形持续超过 3 个工作日的，用人单位有权裁减受影响的工人。

如工人需要解除劳动合同的，工人需要提前通知用人单位，而需要提前多久通知用人单位，则根据工人类型而有所不同。如工人未履行通知义务自行离职的，则需要按照法定提前通知时间的标准向用人单位支付相应赔偿金。

如员工服务同一企业超过 1 年，企业除了补偿员工 120 天基本工资外，还需要另外补偿员工每服务 1 年 1 个月的基本工资。如果员工在成为正式工后辞职，需要提前 60 天向企业申请，否则员工需要支付60天的基本工资以赔偿企业的损失。

（五）最低工资标准

工人工资由用人单位与工人双方协商决定，但不得低于孟加拉国最低工资委员会规定的最低标准。截至2023年，孟加拉国最低工资标准为8000塔卡/月。孟加拉国出口加工区内工人工资按照行业、工种和熟练程度不同，有最低工资限制。截至2023年，孟加拉国出口加工区管理机构确定出口加工区内的工人最低工资为12,800塔卡/月。

并且，按照孟加拉国法律规定，工人工资每年按基本工资的5%增长，出口加工区工人工资每年按基本工资的5%～10%增长。另外，正式工人每年可以享受2次节日奖金，每次按1个月的基本工资发放。

（六）雇用外籍人员

如在孟加拉国合法注册的用人单位出于经营需求需要雇用非孟加拉国公民的，拟雇用工种必须是孟加拉国所不具备的技术人员工种，且外国雇员总数不能超过公司雇员总数的5%，并且还需向孟加拉国相关政府部门申请工作许可。

二、孟加拉国劳动用工法律风险与防范

（一）工人平均学历及技能水平较低

不同于现今中国劳动力普遍至少具备初高中学历或相关技能资质，孟加拉国工人总体文化程度和技能水平较低。在孟加拉国的劳动力人口中，大部分人口没有受过任何教育，仅有少部分人口拥有高等学历或接受过职业教育。① 这种情况一方面不利于工作高质量高效率完成，另一方面也加大了中国企业的管理难度。

（二）罢工游行事件频发

不同于国内稳定安全的用工环境，孟加拉国工人游行示威或罢工较为普遍，严重影响企业正常生产经营活动。有时工人游行示威或罢工期间甚至会出现严重暴力打砸事件，给企业带来严重损失。

鉴于此种情况，首先中国投资企业应提高安全防范意识，选择驻地及办公室的区位时要慎重，并采取安全保卫措施；其次需要妥善合法解决与劳动者的劳动用工争议，必

① 参见詹芮：《论中国企业对孟加拉国投资的劳动法律风险及应对》，载微信公众号“中国应急管理科学”2020年12月18日，https://mp.weixin.qq.com/s?biz=MzI5OTg4NjM1OA==&mid=2247484083&idx=1&sn=0631125d201f8892eb35ecf95a27e1b5&chksm=ec8ef0cadbf979dce2f3da7099ac1e1d6bfa4e3e629fdea86330186fee6e376898316e6954b5&scene=27。

要时应借助当地专业服务机构的力量，依法依规组织开展生产经营活动，拒绝劳动者的不合理要求。

（三）工会地位强势

孟加拉国劳动法对工会的设立、注册、权利等方面均进行了详细的规定，且现实情况中孟加拉国工会组建率较高，工会的地位也较为强势，承担着作为工人代表与企业交涉谈判的重要职能。与此相对，中国的工会在地位上主要为辅助性角色，企业掌握生产经营等活动的主导权，且对国内占据数量优势的民营企业而言，工会的组建率并不高。

根据孟加拉国劳动法的规定，如果中国企业以任何形式干涉工会的建立或正常活动，则企业将会受到相应处罚。因此，中国企业必须加强对工会的重视，拓宽与工会的沟通协调机制，在日常生产经营活动中需注意取得工会的支持，否则可能产生工会组织工人罢工等严重扰乱企业正常生产经营秩序的情况。

因《孟加拉出口加工区法》等相关法律规定孟加拉出口加工区不允许成立工会以及举行工人罢工活动，故中国企业可以考虑选择在孟加拉出口加工区设立投资企业，以减少企业因工会活动或工人罢工等情况而造成的损失。

（四）劳动保障规定细致

孟加拉国劳动法对工作环境的安全、健康与卫生，对工伤事故的赔偿，对特殊工人的劳动安全保障等方面进行了较为细致的规定，如中国企业未按照孟加拉国法律规定提供符合条件的劳动环境及安全管理措施，造成工人发生人身损害，届时企业不仅将面临承担工伤赔偿及相应处罚的后果，还可能面临因工人死伤而引起的当地民众骚乱、抗议甚至暴力冲突等问题，严重打击企业形象。

（五）宗教影响深入

孟加拉国为伊斯兰国家，国内超过 80% 的人口信仰伊斯兰教，而根据一般伊斯兰教教徒的信仰，伊斯兰教徒每日需进行多次礼拜，从而出现信仰伊斯兰教的员工每日礼拜占用工作时间的情形。因此种情形在中国较为罕见，中国在孟投资企业容易忽视宗教因素在劳动用工中的影响，进而违反孟加拉宪法及劳动相关法律中关于宗教礼拜计入工作时间等尊重劳动者宗教信仰的规定。

鉴于孟加拉国国情与我国存在显著不同，中国投资企业在孟加拉国进行劳动用工时，需要充分理解并尊重孟加拉国当地的风俗民情与宗教习惯，取得孟加拉国当地工人的尊重与支持，增强企业形象。

（六）依法合理规划用工制度

因孟加拉国劳动法与我国劳动法在劳动关系的成立与解除、劳动争议解决、休息休假、工会职权等方面的规定存在较大差异，中国投资企业应当利用当地专业律师和专业服务机构合理规划企业用工制度，规范用工行为，以保障企业正常生产运营工作稳步开展。

另外，孟加拉国劳动法关于休息休假的规定与我国有明显差异且较为复杂，且孟加拉国工人对工作时间外的加班较为排斥，热衷于休息休假，如企业在安排工作任务时忽略上述情况则可能产生相应风险。

（七）加强对环境保护的重视

中国在孟投资企业须重视环境保护。孟加拉国目前仍是世界 LDC 之一，虽然经过孟加拉国政府不断努力，孟加拉国的经济取得显著发展，但由于环境保护意识及保护机制的匮乏，其国内生态环境日趋恶化。

针对国内自然环境日趋恶化的状况，孟加拉国政府对国内的自然环境保护也愈加重视。因此，中国投资企业也应当遵守孟加拉国《环境保护法案》《1997 年环境保护条例》等环境保护法律法规，与当地环保部门加强联系和沟通，及时了解跟踪孟加拉国环保法规的变化，依法做好环境影响评估、初期环境检测等工作，取得相关环保许可，采取合理措施使可能产生的污染问题最小化。如投资企业涉及污水排放的，都应当先建设污水处理设施，由孟加拉国政府对污水处理设施验收合格后，才可继续建设其他生产及生活设施。

第六节　孟加拉国知识产权法规简介与风险防范

一、孟加拉国知识产权法规简介

（一）《2023 年著作权法案》

孟加拉国政府为加强本国的知识产权法律保护力度，着手更新了许多此前沿用已久的陈旧的知识产权法案。2022 年 4 月，孟加拉国议会审议批准了专利法案并正式生效实施。这部法律旨在孟加拉国脱离世界 LDC 行列之前，即预计 2026 年之前，将本国的知识产权法律保护水平提高至世界贸易组织所要求的水平。

2023 年 9 月，孟加拉国议会批准通过《2023 年著作权法案》。与旧著作权法案相比，该法案将其保护范围扩大到与信息和通信技术相关的产品、活动、数据库以及由数字工具所创造的设计。有关民间知识和民间文化，如民间音乐、歌曲的著作权归属及保护等问题首次在著作权法中进行了详细规定。并且，该法案对匿名或假名作品所有人、数据库、公共领域、制作者、个人等基于现实情况产生的新名词进行了明确的法律定义，除此之外基于《马拉喀什条约》还新增了一项关于视障人士知识产权问题的条款。

《2023 年著作权法案》将著作权分为以下两个类型：第一类为文学、戏剧、音乐、艺术，作者对上述作品的著作权自作者创造该作品之时起终身享有，并延续至作者死后 60 年。第二类包含电影、录音、摄影、数字作品及其他相关的作品类型，著作权保护期限为自作品首次发表之日起 60 年。虽然《2023 年著作权法案》设置了专门条款以规定著作权的登记，但著作权并不以登记为成立或生效要件。只要作品为原创，满足著作权法对享有著作权的作品的规定，便自动享有著作权。

享有著作权的著作权人有权授权他人部分或全部或基于一定限制下使用其作品。这种授权必须基于书面形式，并经著作权人本人或者经他授权的代理人签署。授权书中必须明确授权使用的是何作品，授予哪些著作权利，授权期限和授权使用地域，以及被授权人应支付的版权费用。

如授权书中未写明授权期限的，则授权期限为授权书出具之日起 5 年内；如未明确授权使用地域的，则使用地域为孟加拉国全境。如有人根据遗嘱获得了文学、戏剧、音乐或艺术作品的原稿，且该作品在立遗嘱人去世前未发表的，除根据该遗嘱或立遗嘱人的意愿可以得出相反的意图的，该遗嘱应当被视为包含该作品的著作权。

《2023 年著作权法案》规定：

没有经著作权人授权或违反取得授权的规定，进行以下行为的，构成著作权侵权：

（1）侵害著作权人专享的著作权利的行为；

（2）为侵害著作权的作品演出有偿提供场地，除非没有意识到或没有任何合理的理由使其相信该演出可能侵害著作权人享有的著作权的。

任何人进行以下行为的，构成著作权侵权：

（1）买卖或租赁，或以贸易为目的展示货品，或以买卖或租赁为目的提供货品；

（2）以贸易为目的的分销、分发，或者该种分销、分发行为足够对著作权人产生损害的；

（3）在公共场合举办贸易展览会；

（4）将侵犯著作权的作品进口至孟加拉国；

（5）将文学、戏剧、音乐或艺术作品通过电影摄制的方式再发行。

对文学、戏剧、音乐和艺术作品进行合理使用不构成著作权侵权的情形：

（1）为个人学习或研究等个人使用目的；

（2）为评论该作品或其他作品为目的；

（3）通过新闻报纸、杂志或广播、电影等方式为报道时事而对文学、戏剧、音乐和艺术作品进行合理使用的。

在打击著作权侵权问题上，《2023 年著作权法案》则引入了更加严厉的惩罚措施：对出版、提供或表演他人内容或作品的行为，将处以 50 万塔卡的罚款。对侵犯电影版权的行为，将处以 100 万塔卡的罚款和最长 5 年的监禁。

为配合著作权法更为严格的著作权保护力度，《2023 年著作权法案》还进一步强化了孟加拉国版权局的职能，包括著作权登记、证书发放、翻译许可，防止进口侵犯著作权的货品，民间文化保护，以及向政府就著作权保护提供咨询建议，鼓励原创艺术家等。

（二）《2022 年专利法》

孟加拉国《2022 年专利法》同样在 2022 年 4 月颁布，旨在使孟加拉国专利保护法律规范更加贴合时代要求。《2022 年专利法》将专利的保护期限从 16 年延长到 20 年。专利保护期限的延长，有利于加大对新产品或创新的保护，提高外商投资热情。

对工业技术产品，如果该产品包含了新内容就可以提交相应的专利申请，但是科学理论、数学方法、商业方法、纯粹脑力劳动的规则或方法以及计算机程序都属于不可申请专利的类目。

相较于旧专利法，新专利法对专利申请程序进行了变更：专利申请将在申请日期届满 18 个月后公布于孟加拉知识产权局官方网站，对该申请的异议期为 90 天。专利申请人可申请提前公开专利申请，但申请提前公开专利申请需支付相应费用。

在上述异议期限届满后，申请人需要在专利申请之日起 36 个月内向专利局申请审查专利。在满足法律规定的情形下，前述申请期限可以再延长 3 个月。专利局在收到审查申请请求后将对专利申请进行审查，并在审查决定后的 30 天内作出授予专利或驳回专利申请的决定。

随后专利在专利局官网上公布的异议期为 90 天。在该异议期届满后，申请人需要提交专利授权请求，并由专利依法颁发专利证书或专利登记证。专利注册有效期为 20 年，专利权人需要从第 6 年起开始支付年费，直至第 20 年。如需延迟提交年费的，可申请延期 3 ~ 6 个月。

（三）《2023 年外观设计法》

2023 年 7 月，孟加拉国新外观设计法生效，替代了此前已施行超过一个世纪之久的《1911 年专利与外观设计法案》，进一步深化了孟加拉国知识产权法律保护体系。外观设计注册申请人在提交申请后，行政机关应当在规定期限内在官方公报及网站上予以公布。第三人如存在异议的，可以自公布之日起 30 天内提出。

外观设计专利的保护期限为自申请日或最早优先权日起25年内。外观设计专利的基础保护期限为10年，到期后可以申请续展3次，每次5年。续展费可以申请延期6个月支付，但需支付相应的滞纳金。如果外观设计专利被侵权，专利权人可以请求行政赔偿。行政机关有权对外观设计专利侵权行为作出行政处罚、没收产品等行政处罚。

如外观设计专利侵权人未在外观设计法规定的期限内支付赔偿金，则专利权人有权向有管辖权的法院提出专利权侵权之诉。法院可以在侵权案件中通过发布禁令、判决赔偿或者其他救济措施以弥补专利权人所遭受的损失。

除此之外，对行政机关作出的任何命令或决定，当事人都可以在上述命令或决定作出之日起的60日内向孟加拉国政府提出复议，并在复议结果出具之日起60日内向高等法院提出上诉。

专利法和外观设计法的更新将有助于提高孟加拉国国内的知识产权保护水平，使孟加拉国知识产权保护法律体系与国际知识产权相关条约所确定的国际标准相统一，进一步提升孟加拉国在外商投资领域的竞争力。

(四)《2009年商标法》

孟加拉国现行商标法规主要为2009年3月颁布的商标法。孟加拉国商标事务管理部门为孟加拉国工业部专利、外观设计和商标司。商标专用权需要通过注册取得。

《2009年商标法》规定，商标可以由字母、数字、签名、符号等要素组成。除此之外，包含以下要素的标识也可注册为商标：

（1）具有显著性的公司名称、商号或自然人的名称；

（2）申请人或其此前的称号或出具书面同意的其他人的签字或照片；

（3）一个或多个创造文字；

（4）一个或多个与商品的特征或质量没有直接关系的文字；

（5）个人姓名、教派、世袭阶级的名称，或孟加拉种族或地理名称，提供使用证据或证明后可以注册；商标可以是字母、数字或它们的组合（纺织品除外），提供使用证据或证明后可以注册；

（6）符合规定的组织可以申请注册证明商标；

（7）包含创造字的驰名商标可以在各类别申请注册防御商标。

用于相同商品上的两个或多个商标，其商标主体部分彼此相似，可以提交一份申请注册为系列商标，系列商标被认为是联合商标。为避免欺骗或混淆，注册官可以要求使用在相同或不同商品上的相同所有人的相同或相似商标注册为联合商标。

包含以下内容的标识不可注册为商标：淫秽、不符合主流价值观的内容；违反现行法律规定的内容；可能导致迷惑消费者认知或实质上欺诈消费者的内容；损害宗教观念的内容；与国家、国际组织所使用的徽章、旗帜、名称等相同或相似的内容或简称。

注册商标后如连续5年未在孟加拉国实际使用，则任何人均有权申请撤销该商标，法律规定的豁免情形（如不可抗力）除外。商标无效或撤销申请可向商标注册处或法院提出，但上述机构对该事项的审查时间较长，甚至可能长达4～5年的时间。对以上述理由提起的商标撤销申请，被申请人可以提供如下证据材料证明商标的使用情况：发票、标签、广告、包装、装潢、书面声明、产品目录、市场调查结果、营业额证据、报价单等。

（五）孟加拉国在知识产权领域面临的挑战

孟加拉国作为世界LDC之一，依照其加入的TRIPs、《保护工业产权巴黎公约》《世界知识产权组织版权条约》等国际知识产权条约的规定享有最不发达国家的相应豁免权益。随着孟加拉国经济的不断发展，孟加拉国预计不久将从LDC“毕业”，届时孟加拉国将面临无法享有国际知识产权条约赋予的LDC的豁免权益所带来的挑战。

目前，经过孟加拉国与世界贸易组织成员之间的长期谈判，与贸易有关的知识产权理事会以协商一致方式同意延长孟加拉国从LDC“毕业”后的特殊过渡期至2034年7月1日。这意味着在过渡期内，孟加拉国可以继续享受此前享有的与贸易有关的知识产权的豁免，这有利于减少在利用与贸易有关的知识产权过程中所产生的高额成本，推动本国经济更快发展。

未来，随着孟加拉国经济的不断发展，可以预见在本次过渡期届满后，孟加拉国寻求继续延长与贸易有关的知识产权的过渡期将会变得愈加困难。因此，如何在逐步失去LDC在知识产权领域享有的“特殊优待”的情况下推动本国经济发展，是孟加拉国政府面临的重大课题。

以孟加拉国制药业为例，以往孟加拉国制药企业凭借孟加拉国在国际知识产权条约上享受的豁免得以在无须就外国专利药品支付大量专利使用费的情况下在其本国制造销售来自外国的专利药物。然而，在孟加拉国享有的过渡期结束以后，仅专利持有者或被许可人有权在孟加拉国引进其专利产品，届时专利持有人或专利被许可人可能会以更高的价格出售他们的产品，而孟加拉国制药企业则不可避免地只能以更高的价格购买，造成制药及销售成本急剧升高。并且，孟加拉国制药企业向外国出口专利药物也会受到巨大影响，进一步降低孟加拉国制药企业的盈利与竞争力。

由此可见，知识产权对提高国家经济水平、发展国家综合竞争力具有重要意义。孟加拉国出台新的知识产权法案，以更新此前已存续数十年甚至一个世纪的老旧法案，是该国在提升国内知识产权保护及创新水平之路上的一个重要进步。可以预见，孟加拉国知识产权法律保护体系在未来还会进一步提升完善，最终达到国际知识产权保护标准。

二、孟加拉国知识产权法律风险与防范

（一）知识产权保护较为薄弱

孟加拉国涉及知识产权的法律包括《1883 年专利、设计与商标法》《1911 年专利与设计法》《1933 年专利与设计规则》《2000 年版权法》《2009 年商标法》等。这些法律大多制定于 20 世纪或 21 世纪初，法律规定较为陈旧，已不能满足当前对知识产权保护的要求，尤其对计算机软件等热门知识产品缺少明确细致的保护措施。

虽然现阶段孟加拉国的知识产权保护较为薄弱，执法力度小，知识产权侵权现象较多，但孟加拉国作为《巴黎公约》、TRIPs 等国际知识产权协议的成员，目前正在努力提高国内知识产权的保护水平，更新知识产权相关法律。因此，中国投资企业应当提高自身知识产权保护意识，采取技术、法律等多维度手段保护企业自身知识产权。

（二）数据信息保护水平低下

随着数字经济在全球的兴起与不断发展，数据信息保护与安全逐渐成为企业投资关注的焦点之一。然而，目前孟加拉国国内产业仍然以出口为导向的加工制造业为主要经济增长点，其国内的数字科技领域发展较为落后，目前尚未出台任何针对数据信息保护的法律规范，国内数据信息保护与安全意识淡薄，国内曾多次出现大规模公民个人信息、政府部门信息等敏感信息泄露事件。

针对上述情况，中国在孟投资企业须加强对企业经营数据信息的保护：首先，采用合适的数据信息保护技术，从技术层面建立数据风险防范与预警体系；其次，建立数据安全管理规范、设立数据安全管理体系，从制度上保障数据信息安全；最后，积极与孟加拉国政府沟通合作，探索建立行之有效的数据安全违法行为处置体系。

（三）知识产权保护案例分析

“这是光天化日之下的谋杀和抢劫” vs “把我的爱还给我”——来自“Miles”，一个非常受欢迎的孟加拉国乐队的歌曲著作权“保卫战”①。

“这是光天化日之下的谋杀和抢劫”，出自印地语电影《谋杀》中的主题故事配乐的一句歌词。该电影上映后，许多观看该部电影的 Miles 乐队的粉丝发现这首电影配乐的

① Abul Kalam Azad，“ROCK‘N’ROLL IN BANGLADESH Protecting IP Rights across Borders.”，WIPO Magazine，Semptember，2007.

旋律听上去与孟加拉国乐队“Miles”的歌曲中的歌词“Phiriye Dao Amar Prem”《把我的爱还给我》十分相像。

《把我的爱还给我》，是 Miles 乐队于 1993 年创作的歌曲，收录于名为“Prathasa”《希望》的专辑中，并在孟加拉国和巴基斯坦公开发售。1997 年，该首歌曲再次收录于名为《最好的 Miles 第一辑》的专辑中，该专辑发售后，立刻受到了广大听众的喜爱。然而，印度语热门电影《谋杀》却在未经 Miles 乐队同意的情况下擅自使用了该首歌曲。

Miles 乐队在就此事多番咨询法律专家及孟加拉国政府后，决定基于 TRIPs 的相关条款规定向司法部门寻求法律救济。TRIPs 中涉及著作权的主要条款同样也包含在《保护文学和艺术作品伯尔尼公约》中，除此之外，TRIPs 还对涉及电脑程序及数据库、电脑程序的租赁权、电影及录音录像作品，以及表演者和制作者权利等著作权内容设置了专门的条款。

2004 年 5 月 17 日，Miles 乐队以电影《谋杀》的制作人和音乐导演、涉嫌侵权歌曲的歌手及制作公司为被告，向印度加尔各答高等法院提起了诉讼，主张涉嫌侵权的歌曲的核心部分完全抄袭了 Miles 的歌曲《把我的爱还给我》，两首歌曲的和声及旋律完全一致，主题也近似，故要求被告向 Miles 乐队支付赔偿金 5000 万卢比并承担 Miles 乐队因诉讼而支出的费用。加尔各答高等法院经审理后，初步认定侵权事实并于 2004 年 5 月 19 日作出临时禁令，禁止被告进行任何涉及案涉歌曲的发行、销售及禁令中规定的其他行为。

在此前，知识产权法具有较强的国界性，这个特点导致来自外国的作品常常可以被自由使用而不会被认定为知识产权侵权，这极大地损害了外国作品的作者所享有的著作权。在本案中，因印度是世界贸易组织的成员以及 TRIPs 的签约国，故印度根据 TRIPs 修订了本国的著作权法，承认满足印度著作权法规定的外国作品在印度境内享有著作权，依法有权获得相应的法律保护。

这个案件体现了跨国知识产权保护问题的重要性。因不同国家对作品享有著作权的门槛及著作权保护标准各不相同，所以像 TRIPs 一样的国际知识产权条约便就跨国知识产权保护问题向各条约国提供了最基本的著作权保护标准。这一方面可以保障外国作品均可以在其他条约国获得相应著作权保护；另一方面，因各国的著作权法在著作权侵权行为、可获取的法律救济以及损害赔偿金的赔偿标准等内容存在差异，这可能会导致外国作品的著作权在不同国家受保护程度的不平衡。

虽然孟加拉国不久将脱离世界 LDC 行列，但其国内的知识产权保护水平仍然较低，这对在孟加拉国投资的中国企业而言是一个巨大的挑战。因此，一旦中国企业发现或掌握其知识产权被侵害的线索后，应当及时向中国大使馆以及孟加拉国当地司法和执法部门报告，并根据中孟两国签署的双边及多边知识产权条约的规定寻求相应法律救济。

第七节　孟加拉国涉外投资纠纷解决机制法规简介与风险防范

一、孟加拉国涉外投资纠纷解决机制法规简介

（一）涉外投资纠纷解决机制基本框架

目前，孟加拉国投资法律体系尚未明确规定外国投资领域的争议纠纷解决机制，因此，当发生投资纠纷时，争议主体主要通过签订的协议以及双方国家间签订的双边协议或共同参与的国际多边协定所约定的争议纠纷解决方式来解决纠纷。

一般情况下，争议主体所签订的投资协议会约定协议的适用法律以及纠纷的管辖机构等问题，如投资主体所属国家间签订了双边协议，且该协议中明确约定了投资争议与纠纷解决的方式，则东道国签署并核准双边条约即意味着需遵守双边协议约定的投资纠纷解决框架。

（二）诉讼机制

通常而言，涉外投资纠纷基础解决机制包括诉讼和仲裁两种方式。如选择诉讼，则需将纠纷案件提交至孟加拉国本国的法院进行处理。与投资相关的争议由孟加拉国最高法院下属的高级法庭（High Court Division）管辖，如诉讼当事人对该法院的处理结果不满意的，可上诉至最高法院下属的上诉法庭（Appellate Division）。需要注意的是，诉讼耗费的时间较长，个别案件审理过程甚至可延续 3 ~ 4 年的时间。

除高级法庭之外，对投资相关的纠纷具有管辖权的还有以下法院：县法院（The Court of the District Judge），特设县法院（The Court of the Additional District Judge），联合县法院（The Court of the Joint District Judge）。另外还有其他一些特设法院，对根据孟加拉国法律规定在投资贸易活动中涉及的应由其管辖的纠纷具有管辖权。

（三）仲裁机制

与诉讼相比，仲裁耗费时间较短，且仲裁以当事人意思自治作为基本原则，能够使当事人在仲裁程序中充分体现自身意愿，因此当事人选择将争议提交至仲裁的占比不断攀升。

孟加拉国《2001 年仲裁法》规定，由外国投资引起的争议属于该法中规定的国际商事仲裁的范畴，因此，如投资主体在投资协议中约定仲裁的，则其仲裁活动由孟加拉国《2001 年仲裁法》进行规范。

《2001年仲裁法》赋予当事人自由选择适用的法律与规则的权利，不要求必须适用与争议实体问题有联系的国家的法律。根据这一规定，当事人可选择的适用的法律或规则的范围非常广泛，可以是国际组织组织制定的相关法律规范，也可以是特定的贸易规则，而并不局限于是某个国家的法律。① 如仲裁当事人没有选择适用的法律或规则的，《2001年仲裁法》规定仲裁庭有权根据争议的具体情况选择适用最适合的法律。当仲裁裁决生效后，当事人可根据《2001年仲裁法》的规定向孟加拉国 District Court 申请执行。

对撤销仲裁裁决的问题，《2001年仲裁法》明确列举了若干条可申请撤销仲裁裁决的情形（无概括兜底条款）具体包括：（1）仲裁协议中的一方当事人无民事行为能力；（2）仲裁协议无效；（3）仲裁当事人未收到任命仲裁员或仲裁程序的通知或出现因其他合理的原因导致当事人无法正常参与仲裁的情况。如外商投资纠纷当事人申请撤销仲裁裁决的，应当向高级法庭申请。

（四）其他

除传统仲裁体系外，孟加拉国还在2011年建立了孟加拉国国际仲裁中心，为当事人申请进行国际仲裁提供支持。除此之外，孟加拉国商务纠纷常用的国际仲裁机构还有新加坡国际商会和新加坡国际仲裁中心。

另外，孟加拉国为世界贸易组织的成员，如其作为东道国与投资国就投资事宜产生争议，相关国家也可根据国际贸易组织的规定提起争端解决程序。

二、孟加拉国涉外投资争议纠纷解决机制风险与防范

（一）司法腐败问题严重

孟加拉国作为世界 LDC 之一，存在非常严重的腐败问题。根据“透明国际”（Transparency International）2023年发布的国家清廉指数，孟加拉国清廉指数为24分。根据“透明国际”的指数分级标准，指数得分在0~25分的意为极其腐败。

严重的腐败问题广泛存在于孟加拉国公职部门，对重要的外商投资环节及争议纠纷解决领域，腐败之风依然强盛，严重影响外商合法权益。

虽然近年来孟加拉国政府采取了多项措施以改变国内腐败成风的现状，但尚未取得显著成果。一旦中国在孟投资企业选择通过孟加拉国法院解决投资过程中产生的纠纷，

① See Guiguo Wang，Alan Yuk-Lun Lee，Priscilla Mei-Fun Leung，*Eseentials of the Laws of the Belt and Road Countries—Bangladesh*，*Pakistan*，*Sri Lanka*，Zhejiang University Press，2017，p. 101.

就极有可能面临因司法系统腐败而产生的维权成本上升、无法得到公正裁决等风险。

而且，孟加拉国法院案件审理效率低下、官僚主义作风严重，普通案件的裁决耗时数年时间已是家常便饭，且案件裁决生效后的执行也往往困难重重。此种现实情况不利于中国在孟企业所涉纠纷的及时解决，进一步增加了企业经营成本与风险。

鉴于上述情况，中国在孟投资企业可以充分利用国际商事或投资仲裁制度，选择声誉较高、专业公正的国际仲裁机构通过仲裁方式以解决投资过程中产生的纠纷，合理规避因诉讼而产生的不确定风险。

（二）政治因素影响强烈

因孟加拉国不同政党之间政治斗争激烈，经由大选获胜产生的新一届的政府上台之后，往往不是继续遵循原政府的改革路线，而是制定新的政策措施，导致政策连续性、稳定性差，从而进一步加剧企业争议纠纷解决前景的不确定性。

中国企业应当加强与孟加拉国政府的联系并培养良好关系。鉴于孟加拉国政权交替而产生的政策变化以及投资实际中可能产生的偏离规则规定的情形，投资者应当关注孟加拉国政治形势以及相关法律、政策及投资环境的变化情况，及时调整投资经营活动，采取合理措施规避因上述因素变化可能产生的风险。

中国投资企业可通过参加政府组织的各种论坛和官方会议等手段加强与孟加拉国政府部门及议会各专业委员会的接触，掌握孟加拉国未来的经济及产业政策走向，灵活调整经营活动。对企业在经营过程中遇到的问题、企业经营动向等情况，可通过与政府部门沟通交流的机会及时报知给相关政府部门或机构，结合中国投资企业对当地经济所作的贡献努力争取相关部门或机构的支持。

第六章　中国企业在孟投资合作的注意事项

中国企业在孟加拉国投资合作的主要注意事项包括科学、充分评估风险与投资环境，投资企业需具备完善的资质以及建立企业法律风险管理体系。本章内容将围绕上述3个方面进行介绍。

第一节　科学、充分评估风险与投资环境

投资环境，是指能够影响投资经营者进行投资、管理的外部客观条件。其内容主要包括政治因素、市场因素、资源因素、劳动力因素、资金因素等。投资环境的好坏是决定外国投资者对东道国进行投资成败盈亏的关键因素，是投资决策的重要参考，因此受到企业和政府的高度重视。

一、评估方法简介

科学、充分地评估一个国家的投资环境不仅需要对该国的基本国情有一定的了解，还需要通过专门的数据模型分析得出结论。早期，学者主要从正面因素评价投资环境，在化繁为简的基础上，再对诸正面因素分别进行评分计量，最后得出一个明确、可操作的定性和定量概念。这种分析方式经历了冷热对比法、等级评分法、层次分析法三个阶段。20世纪70年代之后，评价投资环境从正面因素评价的方式转变为从负面因素（投资的风险、成本等各种不利于投资的阻碍）进行评价，代表性评价方法有：投资障碍分析法、投资风险评估法。后来，随着信息论、系统论、控制论、协同论、突变论、耗散结构论等数学理论的发展被引入到评价领域，新的评价方法也更加趋于科学，灰色评价

模型、熵变原理方法、模糊神经网络分析技术是其主要评价方式。① 在法律风险评估方法方面，则有德尔菲方法、风险收益法、风险预设值法、场景分析法和共性归纳法等。

国内外对投资环境及其相关评估问题的研究已比较广泛而深入，最有代表性的是邓宁（Dunning）提出的系统性理论，该理论包含国际生产折中理论②（OLI）和投资发展周期理论（Investment Development Path，IDP）两个子理论。如今，系统性理论已经成为国际投资领域里经典的理论框架。具体而言，OLI 系统、全面地总结了影响国际投资的各种因素，之后的很多研究都是针对 OLI 进行的深入展开和细化，尤其针对该理论中区位优势的研究成为研究重点和改善东道国的投资环境的理论依据。IDP 则以动态的角度分析一国国际投资地位的变化。此外，跨国公司的主观动机也是国际投资研究中不可忽视的因素。在对 OLI 发展方面，科尔尼咨询公司（AT Kearney）从财务成本、人员技能及其可获得难易程度、商业环境，提出三者的赋权分别为 40%、30%、30%，从而为东道国改善投资环境指明了方向。③

邓宁提出的东道国吸引 FDI 的因素有：所有权优势（Ownership advantages）、内部化优势（Internalization advantages）、区位优势（Location advantages）。所有权优势，是指企业自身具备的、相对于国外竞争者的独特优势，表现为商标优势、专利技术优势、规模优势、创新能力优势、组织管理优势、金融和货币优势以及市场销售优势。内部化优势，是指企业通过将资产、所有权内部化，以克服不完全市场带来的问题，相对于其他企业产生的优势。企业将拥有的资产或所有权通过内部化转移给国外子公司，比通过交易转移给其他企业获得更多的利益，从而产生了相对优势。区位优势，是指东道国拥有的相对于投资国产生的优势，包括：自然条件、投资环境、经济社会发展状况及经济和法律制度等方面的优势。主要表现为自然资源、禀赋资源和地理位置，投入要素成本和质量，市场体系及其规模，国际运输和通信成本；政府制度和政策优势，社会和基础建设条件（商业、法律、教育、运输、通信）；跨国意识形态、语言、文化、商业惯例、政治等形成的差异。

而 Kearney 提出的东道国吸引 FDI 的因素有：财务成本、人力技能及其获得性、商业环境。财务成本的子因素包含报酬成本（指标依据：平均工资、相关岗位的支付报酬的中值）、基本生活相关成本（指标依据：居住、用电、通信系统成本；往来于主要客

---

① 参见朱延福、张建平：《中外投资环境评价方法论的演进述评》，载《湖北经济学院学报》2012 年第 5 期。

② OLI 为国际生产折中理论中三项分类的英文缩写：所有权优势（Ownership advantages）、区位优势（Location advantages）、内部化优势（Internalization advantages）。

③ 参见李洪涛、赵恒：《国际投资的影响因素评述》，载《郑州师范教育》2013 年第 3 期。

户所在地的交通成本)、税收和管理成本（指标依据：相关税收负担、因政府部门不廉政支付的成本、因汇率变动支付的成本）。人力技能及其获得性的子因素包含商业流程经验和技能的积累（指标依据：现有的 IT 和外包市场规模)、人力资源可获得性（指标依据：联络中心和 IT 质量)、教育和语言（指标依据：标准化教育和语言测试成绩)、流失率（指标依据：相关外包成长率和失业率）。商业环境的子因素包含国家整体环境(包括经济和政治环境）（指标依据：投资者或分析师对商业和政治环境的整体评级、FDI 信心指数、官僚化程度)、国家基础设施（指标依据：政府对信息和通讯科技领域的支持)、文化适应性（指标依据：全球化指数)、知识产权的保护（指标依据：投资者对知识产权的保护情况的评分、软件盗版率）。

在世界投资报告中，贸发会议（UNCTAD）提出的东道国吸引 FDI 的因素主要有 3 个方面：一是 FDI 的政策框架，二是经济因素，三是商业的便利化。FDI 的政策框架包含经济、政治、社会稳定情况，市场准入和运行的规章制度，对国外分支机构的政策，市场运作和市场结构的政策（尤其是竞争、兼并收购政策)，FDI 的国际协议，私有化政策，贸易政策（关税和非关税壁垒)，FDI 政策的连续性。经济因素则主要考虑税收政策。商业的便利化则要求考察市场寻求型、资源寻求型、效率寻求型，促进投资政策(包括形象塑造、投资促进活动、投资便利服务)、投资激励政策，改善政府效率（打击贪污、提高行政效率等)、创建社会舒适生活环境（建设双语学校、提供高质量生活等)以及关注投资后的相关服务的状况。

二、评估模式

根据世界银行发布的营商环境报告，主要评价内容见表 6 – 1。

表 6 – 1　营商环境评价内容

<table>
<tr><th colspan="3">阶段</th><th>内容</th><th>专家咨询</th><th>公司层面的调查</th></tr>
<tr><td rowspan="7">开始业务阶段</td><td rowspan="7">1. 行业准入</td><td rowspan="2">法规框架（法律上)：企业准入法规的质量</td><td>在企业注册和开始运作的监管框架方面的良好做法</td><td>√</td><td></td></tr>
<tr><td>企业进入监管框架中的限制</td><td>√</td><td></td></tr>
<tr><td rowspan="3">公共服务（事实上)：为新设公司提供数字公共服务和信息透明度</td><td>公司注册及开始营运的网上服务</td><td>√</td><td></td></tr>
<tr><td>业务成立和运营开始时服务的互用性</td><td>√</td><td>√</td></tr>
<tr><td>公司网上信息的可用性和信息的透明度</td><td>√</td><td></td></tr>
<tr><td rowspan="2">效率（事实上)：业务进入在实践中的效率</td><td>合并并开始经营一家新公司的时间</td><td>√</td><td></td></tr>
<tr><td>成立和运营一家新公司的成本</td><td>√</td><td></td></tr>
</table>

续表

阶段			内容	专家咨询	公司层面的调查
开始业务阶段	2. 企业位置	法规框架（法律上）：不动产租赁、财产所有权和城市规划的法规质量	良好的土地管理规管措施	√	
			建筑法规和环境许可证的良好监管措施	√	
			对物业租赁和所有权的限制	√	
		公共服务（事实上）：公共服务的质量和信息的透明度	网上服务的可用性和房地产交易基础设施的可靠性	√	
			物业交易服务的互用性	√	
			不动产网上信息的可用性	√	
			提供建筑许可和环境许可证的在线服务	√	
			建筑许可制度的互用性	√	
			提高建筑许可证和环境许可证信息的透明度	√	
		效率（事实上）：在实践中获得营业地点的效率	购买房产并获得占用许可、建筑许可和环境相关许可的时间	√	√
			购买房产并获得占用许可、建筑许可和环境相关许可的成本	√	√
运营扩张业务阶段	3. 公共服务状况	监管框架（法律上）：电力、水和互联网的质量监管	有效的连接部署和可靠的电力、水和互联网服务供应规定	√	
			公共服务的安全性	√	
			公共服务的环境可持续性	√	
		公共服务（事实上）：公用事业服务的绩效和透明度	对公用事业供应的质量、可靠性和可持续性的关键绩效指标进行监控及透明度	√	
			公共服务的透明度	√	
			公共服务的互用性	√	
			在实践中对公共服务有关安全规定的实施状况	√	
		效率（事实上）：实际提供公用事业服务的效率	获得电、水和互联网连接的时间		√
			获得电、水和互联网连接的成本		√
			电力、水和互联网服务的可靠性		√
	4. 劳动力	法规框架（法律上）：劳动法规的质量	对工人权利的保护	√	
			对用工的立法保护	√	
		公共服务（事实上）：为劳工提供的公共服务是否充足	执法机制	√	
			社会保护的可获得性和覆盖面	√	
			就业服务	√	
		效率（事实上）：劳动法规和公共服务在实践中的效率	落实工人权利并遵守国际劳工标准	√	√
			雇用和解雇工人的成本	√	√
			社会保障和公共服务效率	√	√

续表

阶段			内容	专家咨询	公司层面的调查
运营扩张业务阶段	5.金融服务	监管框架（法律上）：商业贷款、担保交易、电子支付和可持续融资的监管质量	良好的商业贷款监管措施	√	
			对有担保交易的良好监管措施	√	
			电子支付的良好规管措施	√	
			可持续融资的良好监管做法	√	
		公共服务（事实上）：信贷基础设施信息的可及性	信用局和信用登记处的运作	√	
			附属登记处的运作	√	
		效率（事实上）：实际接受金融服务的效率	获得贷款、登记担保权益以及进行和接收电子支付的时间		√
			获得贷款、登记担保权益以及发出和接收电子支付的成本		√
			信用信息共享的及时性	√	
			获得可持续融资的难易程度	√	
	6.国际贸易	法规框架（法律）：国际贸易法规的质量	支持国际货物贸易的良好监管做法	√	
			支持国际服务贸易的良好监管做法	√	
			支持数字贸易的良好监管做法	√	
			支持可持续贸易的良好监管做法	√	
			对国际货物贸易的管制限制	√	
			对国际服务贸易的监管限制	√	
			对数字贸易的监管限制	√	
		公共服务（事实上）：促进国际贸易的公共服务质量	信息的透明度和可用性	√	
			电子系统和服务的互操作性	√	
			风险管理	√	
			边境机构项目	√	
			边境协调管理	√	
			国际合作和监管趋同	√	
			贸易基础设施	√	
		效率（事实上）：进口货物、出口货物、从事数字贸易的效率	遵守进出口要求，从事数字贸易		√
			遵守进出口要求和从事数字贸易的成本		√
			风险管理体系的有效性		√
			边境机构项目的效率	√	

续表

阶段			内容	专家咨询	公司层面的调查
运营扩张业务阶段	7. 税收	法规框架（法律上）：税收法规的质量	税收法规的质量	√	
			能源税和碳定价	√	
			有效税率和缴费率	√	
		公共服务（事实上）：由税务机关提供的公共服务	用于纳税申报、缴纳和评估的电子系统	√	
			基于风险的审计	√	
			争议解决机制	√	
			税务管理的透明度	√	
		效率（事实上）：税收制度在实践中的效率	遵守税务法规和一般税务审计的时间		√
			使用电子系统进行报税和纳税		√
			使用增值税现金退款机制		√
	8. 争议解决	监管框架（法律上）：解决争议的监管框架	法庭诉讼	√	
			替代性争议解决机制	√	
		公共服务（事实上）：解决争议的公共服务	制度框架	√	
			争议解决过程的数字化	√	
		效率（事实上）：在实践中解决商业纠纷的难易程度	妨碍司法公正的阻碍		√
			法庭审判的期限	√	
			法庭审判的成本	√	
			对法庭裁判的承认和执行	√	
	9. 市场竞争	监管框架（法律上）：促进市场竞争的监管质量	市场竞争规则的质量	√	
			促进创新和知识产权转让的法规质量	√	
			禁止公共合同的规定的质量	√	
		公共服务（事实上）：促进市场竞争的公共服务是否充足	竞争法规的制度框架和执行质量	√	
			支持企业创新的制度框架	√	
			电子采购平台的透明度和交易特性	√	
		效率（事实上）：推行促进市场竞争的主要服务的效率	高效实施简化的合并审查	√	
			授予公共合同并支付政府承包商和逾期付款罚款的时间	√	√
			市场活力与竞争行为		√
			进入政府市场		√
			创新力		√

续表

<table>
<tr><th colspan="3">阶段</th><th>内容</th><th>专家咨询</th><th>公司层面的调查</th></tr>
<tr><td rowspan="13">关闭（或重组）业务阶段</td><td rowspan="13">10. 企业破产</td><td rowspan="7">监管框架（法律上）：破产程序监管的质量</td><td>破产程序的开始前和开始</td><td>√</td><td></td></tr>
<tr><td>管理债务人的资产</td><td>√</td><td></td></tr>
<tr><td>清算和重整程序范围</td><td>√</td><td></td></tr>
<tr><td>债权人参与</td><td>√</td><td></td></tr>
<tr><td>破产管理人的专业程度</td><td>√</td><td></td></tr>
<tr><td>针对中小企业的专门程序</td><td>√</td><td></td></tr>
<tr><td>跨境破产</td><td>√</td><td></td></tr>
<tr><td rowspan="4">公共服务（事实上）：破产程序的体制和业务基础设施的质量</td><td>破产法院或破产法官的专业化</td><td>√</td><td></td></tr>
<tr><td>法院自动化</td><td>√</td><td></td></tr>
<tr><td>破产程序服务的互用性和信息的公开</td><td>√</td><td></td></tr>
<tr><td>破产管理人在实践中的专业知识</td><td>√</td><td></td></tr>
<tr><td rowspan="2">效率（事实上）：在实践中解决司法破产程序的效率</td><td>解决在法清算或重整程序的时间</td><td>√</td><td>√</td></tr>
<tr><td>解决在法清算或重整程序的费用</td><td>√</td><td>√</td></tr>
</table>

注：数据来源于世界银行。

此外，作为境外投资评估的参考，澳大利亚国际经济研究中心也曾为联合国教科文组织全民信息计划评估建立相应的指标体系（见表6－2）。①

表6－2 全民信息计划评估指标

原则	影响境外投资的各项指标
提高投资相关政策制定与执行过程的交互性与透明度	投资促进机构标杆（GIPB）；政策制定透明度（WEF）
稳定投资环境、保障产权、保护投资	登记产权（DB）；获取信贷（DB）；法律系统的效率（WEF）；商业仲裁质量（IAB）；国家仲裁涉入投资的深度
提高投资相关政策的可预见性和一致性	商业规则对FDI的影响（Financial Institution，FI）；政府腐败程度（WEF）；全球协议直接投资额度
提高投资手续办理的效率及效益	开办企业（DB）；税收交纳（DB）；基础设施建设（survey）
构建利益相关者的建设性关系	利益相关者协商深度（survey）；利益相关者协商效率（survey）

① Centre for International Economics（CIE）. Measuringprogress in implementing APEC's IFAP：establishing amethodology and selecting key performance indicators. Canberra&Sydney：CIE，2009.

续表

原则	影响境外投资的各项指标
采用新技术来改善投资环境	知识产权保护（WEF）；政策本身的评估
建立投资政策的监测和审查机制	政策本身的评估
加强国际合作	政策本身的评估

一些新的、不同的评估方法被引入评估机制中，一方面，有利于强化评估结果的科学性和客观化；另一方面，如果仅是简单将分析模型移植到投资评估领域而对东道国的客观状况不加以全面考察，那么这样的评估也是失之偏颇的，最终只能给投资经营者带去风险和损失。

第二节　投资企业需具备完善的资质

外国企业在孟加拉国投资需要具备完善的资质。其中最为重要的是外国企业要在BIDA进行注册，只有通过注册程序才能在经济特区获得工业用地。此外，根据企业所从事的不同业务，孟加拉国法律也规定了企业必须取得相关的资质与许可证明，例如：外国公司的注册与设立许可证、环境许可证、贸易许可证、进出口登记证、消防许可证、保税仓库证照、工作许可证等。办理上述业务除了可以通过线下的方式外，现在也可以通过BIDA下设的OSS系统进行办理。

一、在孟申请注册外国公司的流程

目前，BIDA下设OSS，在该网站中可以使用OSS系统，使投资者可以在最短的时间内获得外国公司注册。RJSC是在孟加拉国注册私人有限公司、公共有限公司、外国公司、贸易组织、社会和合伙公司的管理机构。办理流程：第一步，外国公司首先需要通过OSS获得BIDA的办公许可；第二步，在孟加拉国RJSC注册公司。如果需要在线操作，投资者必须登录OSS门户网站（https://bidaquickserv. org/）并遵循以下步骤：

步骤1：为申请者的组织准备一份AOA。（注：申请者必须在进入OSS门户网站时编写上述条款，章程内容尽量简洁。）

步骤2：关于收集所有董事的资料，如董事姓名及其父亲、母亲的名字；现居/永久地址；出生日期；电子邮件地址；手机和电话号码；TIN；护照；国籍信息；扫描并签名；上传图片。（注：在OSS系统填写公司注册申请表时，必须填写上述董事资料且所有资料必须真实有效。）

步骤3：外国公司注册需要向银行领取外国董事的兑现证明。兑现金额必须与股价相等。(注：申请者在 OSS 系统填写外国公司注册申请时，必须通过 OSS 系统提交现金证明。提交成功后，申请者必须向 RJSC 提交兑现证书正本。收到兑现证明后，投资者的申请将被处理。)

步骤 4：为了处理请求，申请者必须通过 OSS 系统在线支付手续费。申请者可以选择各种银行卡、移动金融服务或直接柜面支付。一旦付款完成，申请将提交给 RJSC 办理。

步骤 5：申请者的申请将通过 OSS 系统提交，所有信件将通过 OSS 系统收发。提交成功后，申请者可以查看申请的当前状态。一旦 RJSC 批准申请，数字签署的文件（公司注册证书、AOA 和董事名单）将在 OSS 系统中提供。需要的附件包括：(1) 公司上一财政年度经审计的主要账目。(2) 公司董事会关于在孟加拉国开设办事处的决议。(3) 拟议的办事处组织架构图（显示将由外籍人员和本国人员担任的职位）。(4) 主要公司的活动详情以及拟在孟加拉国设立的分公司将开展的活动详情。(5) 主要公司董事/发起人的姓名和国籍。(6) AOA 大纲及主要章程细则。(7) 公司注册证书。(8) 根据 BIDA 要求附上的公司意见。(9) 办公权限审批副本。

另外，如果投资者遇到任何困难，可以通过电子邮件：ossbida@ bidaquickserv. org 或呼叫中心电话：+8809678771353 与官方沟通。

二、通过 BIDA 的在线 OSS 系统开设企业临时银行账户流程

在孟加拉国与外国投资者注册私人有限公司时，必须遵循特定步骤以确保遵守法规。下面是整个过程的综合指南：

第一，识别外国投资者。确定公司是否有外国投资者，如果有，则继续执行以下步骤。

第二，实收资本存款。外国投资者的实收资本必须通过当地银行存入孟加拉国。这笔存款是投资者对公司财务承诺的证明。

第三，兑现验证。实收资本存入银行后，由银行审核兑现情况。此步骤确保资金已成功转移，并可用于业务操作。

第四，临时银行账户。为了方便现金验证过程，需要创建一个临时银行账户。该账户仅用于从指定银行获取兑现证明。

第五，外国投资者临时银行账户。外国投资者可以在银行开立临时账户，仅用于兑现。该账户要求清名，并且是处理公司投资相关资金的指定通道。

第六，发起公司注册。一旦现金验证完成，资金在临时银行账户中可用，公司注册程序就可以在 RJSC 启动。

第七，临时银行账户更新。公司在 RJSC 注册成功后，需要更新临时银行账户。这包括提供所有必要的公司文件、公司注册证书、AOA、TIN 证书、贸易许可证以及账户运营人员的签名。

完整步骤为：

第一步，阅读说明书。请仔细阅读所提供的说明，以了解所涉及的需求和步骤。

第二步，进入指南部分，仔细检查细节，以确保申请人拥有所有必要的文件和信息。

第三步，确认和付款。一旦申请人熟悉了这个过程，就要确认申请人要继续的意图。通过 OSS 系统提供的在线支付选项支付申请所需的服务费。

第四步，申请表格。付款成功后，申请人将获得银行开户申请表。请注意，申请表格窗口一旦打开就不能关闭。

第五步，填写并提交申请表格。请仔细填写申请表，并提供准确的信息。完成提交申请，申请人将收到一个申请跟踪 ID 作为参考。

第六步，银行批准和实际存在。选定的分行工作人员将在 1 天内审核并批准申请人的申请。批准后，申请人将通过 OSS 收到对应的银行账号。申请人必须亲自访问选定的分支机构以进行验证。在申请人访问期间，需要提交申请人的签名和银行要求的任何其他必要文件。

第七步，进入下一步。使用“Next”选项继续执行流程的每个步骤。请确保申请人仔细遵循这些说明，以避免在公司银行账户开立过程中出现任何延误或问题。如果申请人遇到任何困难或有疑问，请及时向 BIDA 支持团队寻求帮助。

三、商业办公室及其业务介绍

商业办公室是外国公司在孟加拉国设立新分公司、联络处、代表处的主管机构。设立新的分公司/联络处/代表处的申请须经内部委员会的批准，申请人须将所有文件的原件连同在线申请一并提交给 BIDA（注册与促进商业发展局）。

如果外国公司办事处更改地址，申请人必须在更改前通知 BIDA。如果外国公司已批准的分公司/联络处/代表处想要设立更多办事处，申请人则必须向 BIDA 提交单独的申请。

商业办公室为在 BIDA 注册的投资者提供如下便利服务：

1. 免税与退税（减免企业所得税）：基本机械/备件的进口税免税、加速折旧免税额（机械/设备）。

以上一般投资优惠政策适用于新设立的投资项目，不适用于再投资或延期投资。

2. 以下牌照和许可证只有在 BIDA 注册后才能获得：

签证建议；外籍工作许可；批准特许权使用费和与技术援助有关的费用；外资借款审批；进口资本机械的 IRC 以及工业材料使用；进口机械设备的通关证明；基础设施联通等。

四、环境许可证申请流程

孟加拉国 OSS 提供环境清拆（红色）；环境清拆（橙色 A）；环境清拆（橙色 B）；环境清关（绿色）；环境清关续期（红色）；环境清关续期（橙色 A）；环境清关续期（橙色 B）；环境清关续期（绿色）；清拆地盘（绿色）；清拆地盘（橙色）；清拆地盘（红色）；环境影响评价审批；TOR 批准；TOR 批准（红色）；零排放审批的申请。

根据《1995 年孟加拉国环境保护法》（2010 年修订）规定，每一种工业和项目都必须获得环境许可。在签发《环境许可证书》时，工业单位和项目应根据其选址和对环境的影响分为以下四类：绿色、橙色 A、橙色 B、红色。《1997 年环境保护条例》第 7（2）条所指明的各类工业及工程项目已载于附表 1（《1997 年环境保育规则》）之中。绿色行业和项目的环境审批程序相对简单。对橙色 A 类、橙色 B 类、红色类行业和项目，要先强制进行立项审批，然后进行环评审批。绿色行业的环境许可有效期为 3 年，橙色 A 类、橙色 B 类、红色类行业的环境许可有效期为 1 年。

所有现有工业单位和项目以及所有属于绿色类别的拟立工业单位和项目均应颁发环境许可证书。属于橙色 A 类和橙 B 类的工业单位和项目，应当先颁发《场地许可证书》，再颁发《环境许可证书》。对红色类行业，应先颁发《选址许可证书》，再颁发《环境影响评价》，最后颁发《环境许可证书》。

五、贸易许可证的办理

贸易许可证是由相关城市公司、市政当局或工会理事会向公司、业主和合伙企业颁发的，是孟加拉国所有企业经营的必要条件。如果一个企业有多个经营地点，它必须从每个地方政府获得贸易许可证。商业许可证的有效期为 1 年，每年必须续期。网上申请表格可在当地政府网站上找到。

文件要求：1. 公司注册证书/分公司或联络处许可副本或有效文件。2. AOA 大纲。3. 有效的公司住址副本（如租赁契约，土地所有权）。4. 申请人照片（3 份）。5. 身份证复印件或护照复印件。

要取得工厂贸易证照，必须提交一些额外文件：1. 当地无异议声明。2. 持有税单（续期）。3. 工厂及周边区域示意图。4. 位置地图。5. 消防许可证/环境清洁证书。

六、贸易许可证换发流程

DSCC 已将其贸易许可证续期流程与 BIDA 的在线 OSS 系统整合在了一起。这一整合允许投资者方便地通过 OSS 平台申请 DSCC 旗下地区的贸易许可证更新。

流程概述如下：

第一步，选择“贸易许可证续期申请”。

第二步，导航到贸易许可证更新部分。

第三步，准确填写所需的《已签发贸易许可证编号》。

第四步，指定要续订许可证的年数。

第五步，系统将提示申请人支付贸易许可费。费用将根据申请人申请中指定的续期期限计算。

付款流程：通过 OSS 系统平台上可用的支付方式进行支付。付款成功后，申请人的贸易许可证更新流程将完成。

注意事项：1. 贸易许可证的更新是一个完全电子化和自动化的过程，仅需通过 OSS 系统进行操作。2. 确保申请表中提供的所有信息准确无误。3. 只有在收到批准的贸易许可证号码并指定续期期限后才能付款。

七、进出口许可证的办理

投资者出口和进口不受价值和数量限制的货物时，需提交以下文件：IRC 或 ERC。进出口总局负责人是上述文件的签发人。对工业企业，BIDA 向进出口总局发出建议，以便获得 IP。通过该许可，投资者才能进口机械并获得退税。

1. IRC/IP——工业

出于工业目的，BIDA 可向 CCIE（Chief Controller of Imports & Exports，进出口总局局长）提出有利于投资者的建议。在安装机器设备后，投资者必须向 BIDA 寻求建议。

文件要求：贸易许可证；商会认证/行业协会的会员证书；税务识别号；银行证书；公司组织大纲和 AOA；公司注册证书（有限公司）。

2. IRC——商业

文件要求：贸易许可证；商会认证/行业协会的会员证书；税务识别号；银行证书；公司组织大纲和 AOA；公司注册证书（有限公司）。

3. ERC

文件要求：贸易许可证；商会认证/行业协会的会员证书；税务识别号；银行证书；公司组织大纲和 AOA。

4. 向 EPB 登记

孟加拉的出口是自由的，无须办理多余的手续，仅需在 EPB 登记，便可享受普及特惠制（普惠制）的有关政策，以及取得有关 SAPTA、SAFTA 和 APTA 的产地来源证明。

八、消防许可证的办理

消防许可证是所有工厂必须获得的一项强制性许可证。根据《2003 年火灾预防和消防法》的规定，该许可证由内政部下属的消防和民防部门颁发。许可证必须每年更新一次。预计办理再许可手续通常需要 90～120 个工作日。

办理流程：

1. 在 http://erelicense. gov. bd/网站上提交申请表。
2. 检查员随后会访问工厂，并发出一份缴款单。
3. 把活期票据上的金额付给银行。
4. 将银行收据提交给消防和民防部门。
5. 检验员将重新检查工厂。
6. 如符合标准规定，便会获得新的许可证明。

文件要求：1. 市公司或直辖市分区机构出具的年度估价证书。2. 企业消防安全计划的描述。3. 公司注册证书及 AOA。4. 消防和民防部门签发的审核批准证书（可能正在办理中）。

九、保税仓库证照

保税仓储设施允许出口导向型行业进口加工品、原材料和包装材料，而无须缴纳任何关税或税费。根据所用加工品、原材料的种类、使用目的和出口类型的不同，保税仓库基本上分为两类：特殊保税仓库和一般保税仓库。特殊保税仓库适用于 100% 出口导向的成衣行业，其中包括梭织服装、针织品和毛衣制造业。一般保税仓库适用于其他 100% 出口导向型行业。

根据《1969 年海关法》，NBR 为众多行业提供保税仓储服务。国税局和海关仓储管理部门发布了许多的法律、规定、行政令。

办理该证照的文件要求：申请表上加盖相应的印花税章；在 BIDA/BSCIC 处取得的注册证；所有董事/权利人的公司的 TIN 和所得税部门出具的认证副本（IT－10B）；行业证照；消防证；VAT 登记证（营业识别号－bin）；相关行业协会推荐信（如果需要）。申请人如为非保证人协会会员，可在没有推荐信的情况下申请保证人证照。推荐信的要求：权利人/董事的姓名、职务、现居和永久地址、签名和照片（粘贴价值 300

塔卡的邮票，这一过程应由主管当局正式公证，并被具有留置权的银行扣押）；容器合格证（如果需要）；由 RJSC&F 发出的组织大纲及 AOA 细则及公司注册证书正本（如申请人为公司）；机械采购文件（进口发票和进销单，本地采购 VAT 发票）；工厂平面布置图两份；土地所有权契据或经公证的租赁契据（租赁空间的情况）；董事总经理/权利人/独资合伙人承诺遵守信（粘贴价值 300 塔卡的邮票，由主管当局正式公证）；具有留置权的银行出具的证明（证明申请人有财力提交适当金额的普通保证金）。办理费用为 10, 000 塔卡。

十、工作许可证的办理

在孟加拉国工作的外国人必须有工作许可证。公司必须在外籍员工抵达后 15 天内为其申请工作许可证。申请流程可在 BIDA 的 OSS 上在线获取。BIDA 签发两类工作许可证：工业项目工作许可和商业企业（包括分公司/联络处/代表处）工作许可。工业经营的本地和外籍员工比例不得低于 20∶1。对商业办事处而言，本地员工与外籍员工的比例为 5∶1。

在签发工作许可证时，BIDA 遵守以下准则：

只有孟加拉国承认的国家的国民才被考虑给予就业许可。

只有经有关当局批准，注册的工业，商业机构才会考虑雇用外籍人员。

对无法聘请本地专家，技术人员的工作，通常也会考虑雇用外籍人士。

18 岁以下的人不符合受雇资格。

每份申请均须提交有关公司董事会决定，以决定是否聘用新员工或延长雇佣期限。

外国雇员在工业部门的占比不得超过 5%，在商业部门的占比不得超过 20%，包括高级管理人员在内。

最初，雇用任何外国人的期限为 2 年，根据情况的变化，一般可延长至 5 年。

内政部将颁发必要的安全许可证书。

在雇用外籍人员之前，相关公司应首先在报纸上或通过在线广告发布招聘需求，以优先考虑本国人的就业。

外派人员只能执行具体活动。

人力资源的声明必须显示本地和外籍工人的信息（姓名、国籍、月薪总额和入职日期）。

作为分公司/联络处/代表处、本地注册/合资企业和 100% 外资公司的初始设立成本应至少有 5 万美元的汇入汇款证明（如有，请附上）。

第三节　建立企业法律风险管理体系

近年来，我国“一带一路”倡议得到许多国家的响应，中国企业纷纷走出国门向海外进行投资，参与“一带一路”共建国家的经济建设。在境外投资的主体中，国有企业一直是一支不容忽视的力量，同时，众多的民营企业通过在境外开设新厂、跨国并购、工程承包、贸易往来等方式也积极投身到境外投资的经济活动中去。在世界经济联系更加互融、互联、互通的今天，境外投资可以广泛调动国内国外两种资源、充分利用国内国际两个市场，从而进一步增强各类市场主体的抗风险能力与国际竞争力。目前，我国企业境外投资活动的足迹已遍布五大洲，既包括发达国家也包括发展中国家，投资的领域和规模也在持续扩大。

但是，境外投资的过程也并非总是一帆风顺的，而是充满了各种艰难险阻。其中最为主要的原因在于面对一个完全陌生的环境，投资企业需要最大限度地了解东道国的各种情况。且当前国际形势风云变化，各种政策、法律的更迭给境外投资者增加了投资难度。除此之外，另一个原因在于我国企业境外投资起步较晚，缺乏经验，这使我国企业的境外投资之路走得格外艰辛。很多企业虽然“走出去”了，却并没有因此获得预期的收益，反而常常受到东道国的各种刁难，并为此付出了惨痛的代价。当然，企业未能成功进行境外投资的原因不限于此，而其中未能充分认识东道国投资的法律风险，未对东道国投资中的法律风险进行有效管理，是影响企业境外投资成败的关键因素。

一、企业境外投资法律风险管理体系概述

境外投资的企业为了确保自身对境外投资法律风险的有效管理，需要通过一系列措施来构筑企业境外投资法律风险管理体系。质言之，企业境外投资法律风险管理体系的构建，就是要紧紧围绕企业战略目标，通过实现对企业境外投资法律风险全面、规范、动态的管理和预防，切实维护企业境外投资的合法权益，提高企业在境外投资过程中抵御法律风险的能力，从而将企业的风险损失降至最小，最终达到企业境外投资的预期目的。基于此，企业应当根据自身发展战略的需求，以公司境外投资的生产、经营、管理等各项经营活动为基础，融入法律风险管理理念及文化，来建立企业境外投资法律风险管理体系。

具体而言，企业境外投资法律风险管理体系的建立需要凭借科学、合理的管理制度以及有效执行和监督的机制体制才能完整。而要形成这样一个体系，就离不开境外投资法律风险管理理念以及法律风险管理文化作为制度建立的指引，并进一步形成集建立境

外投资法律风险管理信息沟通体制，建立境外投资法律风险管理组织以及招募专业的与境外投资项目及投资目标国相匹配的法律风险管理人员，健全境外投资法律风险项目内容管理制度、境外投资法律风险管理运行机制以及业务流程管理等为一体的企业境外投资法律风险管理体系。同时，企业还需要使自身的员工增强境外法律风险防范意识，细化内部境外投资法律风险管理工作，完善境外投资法律风险控制流程，建立境外投资法律风险防控的长效机制，继而达到对境外投资法律风险的全方位管理。①

二、形成企业境外投资法律风险管理理念与文化

企业境外投资法律风险管理理念是构建企业境外投资法律风险管理体系的基础。企业在建立自身法律风险管理体系时，可以通过各种方式将境外投资法律风险管理的理念传达给每一位参与的员工，实现境外投资法律风险管理理念这一思想意识与企业的规章、制度等有机结合，从而落实到境外投资工作的各个方面。同时在所有员工积极参与下，能够实现对风险管理理念的认同感，并将之融入自己的工作，这样有利于企业营造在境外投资中良好的法律风险管理氛围。为此，企业在这一过程中需要遵循如下原则：一是诚实信用原则，二是全方位管理原则，三是动态化调整原则，四是个性化原则。简单来说，诚实信用原则是从事商业活动的基础，也只有遵守该原则才能尽量避免法律风险。全方位管理原则和动态化调整原则是对企业内部管理提出的要求，而个性化原则的内容则是企业风险管理体系的建立要与自身实际相结合。此外，企业境外投资法律风险管理文化的形成，则要求企业从管理层到员工普遍树立相应的风险管理意识。这包括管理层对风险管理有自觉意识，全体员工对风险管理有基本意识，内部职能部门对风险管理有职业意识和防范意识以及企业在境外投资活动中遵守东道国的法律、规章制度。

三、建立境外投资法律风险管理信息沟通机制

企业境外投资法律风险管理信息沟通机制的建立，要求企业在风险管理过程中要打通内部及外部的沟通壁垒，实现对信息动态全面地掌握和高效地共享，从而为企业决策提供支撑。在企业内部，一方面，要保障企业境外投资法律风险管理体系的组织及人员得到充分的沟通，并及时向企业内部相关人员提供法律风险管理的信息，提高不同部门、上下层级之间的沟通效率。另一方面，根据信息的不同种类，以及涉及的风险的严重程度，还需要在企业内部形成上级决策与信息分析之间的有效互动机制。在企业外

① 参见黄秋雁：《我国企业境外投资法律风险管理体系研究——以云南省为例》，云南财经大学 2015 年硕士学位论文，第 59 页。

部，首先，这一体制的主要作用是确保企业的境外投资行为符合法律规定（包括东道国与母国的法律规定）及公司治理（AOA）的要求。其次，企业在境外投资法律风险管理过程中的外部信息沟通包含的主体有其他企业、组织、自然人、政府等，涉及的内容更为宽泛，形式与获取方式等也更加多样。因此，外部沟通无疑将对企业法律风险管理的效果产生直接的影响。最后，为了提高信息沟通的效能，充分发挥该机制的作用，企业在境外投资法律风险管理机制中应完善与各项风险相关的信息收集、存储、传递、分析、上报等程序的设计与执行流程。

四、建立企业境外投资法律风险管理组织

企业境外投资法律风险管理组织是企业为规范境外投资活动而组建的管理法律风险的组织机构体系的总称。在境外投资过程中，企业防范各项风险需要强有力的组织保障，这种组织保障的建设源于企业完善的治理结构和全面的组织系统的构建。在建立法律风险管理组织时，企业应结合自身的客观实际条件，如业务领域、规模大小、现实需求、专业能力等设置相应的组织机构。在组织机构设置上，主要有以下架构模式：以股东、董事会作为核心决策者；风险管理委员会或者企业法律顾问单位是执行层，全面负责境外投资风险管理事务；企业内部的法律事务部门作为职能部门，负责具体执行风险管理业务内的诸项事务。当然，在企业外部还可以通过聘请其他专业咨询服务机构（法律、税务、审计、会计等机构）以及相关人员，为企业境外投资风险管理兜底。另外，在规模较小的企业或者自身职能部门缺乏的情况下，企业需要完善决策机制，将专业内容通过外包服务的方式实现自身对投资风险的掌控与应对。

五、健全境外投资法律风险项目内容管理制度

实践中，因投资者在项目投资之前未能有效对项目内容进行法律风险管理，导致大量投资争端产生。具体而言，在境外投资过程中，需要考虑在境外投资涉及的企业的设立、税收缴纳、股权模式、股东的真实信息、企业经营所需的各项批准文件和许可、拟投资项目的资产构成、债务情况、有无抵押担保等，以及东道国的环境保护政策、法规和劳动用工方面的要求。在各方达成投资意向后，需要对初步的商业条款进行仔细研究，特别是对有附加条件的条款要更加谨慎，在风险分担上不能加重己方的负担。在投资项目具体的条款中，要对签约主体、履行内容、后续服务及支持、退出机制、争议解决等内容进行认真考虑。此外，由于企业境外投资主要在东道国进行投资经营活动，那么东道国法律变更的风险就不可忽视，在此应对的方式有：引入“稳定条款”（stabilization clauses），设立“重新谈判条款”（renegotiation clauses）或“风险分配条

款”（risk allocation provisions）等减少不必要的损失。

六、完善境外投资法律风险的业务流程管理

境外投资法律风险的业务流程管理，是指从境外投资流程操作层面对法律风险进行管理。从具体内容来说，主要环节有：尽职调查、识别、评估、控制、持续改进。尽职调查是对境外投资法律风险环境的考察，作为一项必要环节，它可以将实施之后可能的法律风险扼杀于摇篮。法律风险识别是在境外投资决策过程和投资项目营运过程中，发现、确认并描述风险点的过程，也就是找出在具体境外投资活动中是否存在风险，风险包括什么。法律风险的评估包括两个方面的内容：境外投资法律风险分析和境外投资法律风险评价。境外投资法律风险分析是指，基于法律风险识别发现的问题，综合考虑致使境外投资法律风险事件发生的原因、可能性及影响等方面而进行的一种定性分析。境外投资法律风险评价是指，通过对法律风险和企业设定的境外投资活动进行对比，评估风险对企业境外投资目标的影响。风险控制，是指对还未发生或对已经发生的境外投资法律风险事件，采取必要方法，避免或减小可能的损失。法律风险管理持续改进，是指企业对境外投资过程中的法律风险情况进行跟踪管理，定期或不定期地实施法律风险识别、分析、评价，并对新产生的法律风险和之前已经存在的风险的变化重新评估的管理流程。

境外投资本身就是一场关于规则的博弈，它考验投资者的各项能力，其中对东道国规则的了解和运用的能力尤为重要。在商业风险不可避免的情形下，如何最大限度防范和化解部分风险是理智投资者的最佳选择。针对可以预见的法律风险，投资者应在可能的条件下形成自己的法律风险管理体系，筑牢防范外部风险之基。虽然企业法律风险管理体系在我国的发展仍不够成熟，但是对于任何一项制度而言，只有在实践中不断改进才能获得旺盛的活力，最终适应现实的需要。

第七章　中国企业对孟投资及商事纠纷案例

本章以案例分析为主，主要从中资企业在孟投资的成功案例、新式投资理念与项目风险管理案例、中孟商事纠纷调解案例3个部分进行展开，将详细分析7个中国企业对孟加拉国投资与经贸往来的典型案例。内容涉及投资方式、投资理念、法律风险、行业分析、投资面临的机遇与挑战、项目管理以及商事调解等方面。在方法上，本章采用理论联系实际的方式对这些案例进行深刻剖析，旨在增加我国投资者的投资信心并对我国投资者产生启发作用。本章案例中的主体形式多样，从事的行业也不尽相同，但无论投资结果如何，其投资过程与经历本身就是一堂生动的实践课，值得大家借鉴、吸收。

一、中资企业在孟投资的成功案例

案例一　江苏云蝠服饰有限公司在孟投资设立新厂

（一）江苏云蝠服饰有限公司简介

江苏云蝠服饰有限公司住所地为江阴市，成立于2005年3月2日，其主要经营范围包括生产、加工服饰、服装、毛衫、鞋帽、布玩具，并从事针织品、纺织品及原料、服装辅料的批发、进出口业务。公司凭借得天独厚的区位优势——长三角地区以及在服装、纺织领域的精耕细作，现已发展为一家具有国际竞争力的服装公司。作为华东地区最具规模的毛衫、服装生产及出口基地，其年生产力高达数千万件，产品远销海外，先后在大阪、纽约、洛杉矶等地成立了销售分支机构。公司旗下的羊毛衫旗舰品牌“SHERFFER”已在超30个国家和地区批准注册，是商务部重点培育和发展的中国出口名牌。正是基于如此雄厚的实力，云蝠服饰已成为世界毛衫市场中一颗熠熠生辉的新星。

长期以来，公司秉持“贵于品质，恒于服务，持于管理，锐于创见”的经营理念，云蝠服饰不断创造奇迹。迄今为止，公司被中华人民共和国农业农村部和对外贸易经济合作部评为“全国出口创汇先进乡镇企业”，被江苏省对外贸易经济委员会授予“出口创汇超千万美元企业”的称号，是无锡地区50强集团企业之一。质量是企业的命脉，云蝠公司将其作为发展企业的主抓方向，通过引进先进的管理模式，设立专业的毛衫研发机构，注重优质的服务能力，不断加强员工良好的素质，持续深化企业敏锐的创新能力。云蝠服饰已通过ISO9002国际质量体系认证，获得江苏省“重合同，守信用”企业以及银行资信“AAA级称号”等诸多荣誉称号，这使云蝠集团在国内外获得良好的声誉。

（二）走向国际加快外贸转型升级

云蝠服饰外贸历程和大多数企业一样，经历了从向国内外贸公司要订单到自营出口的过程。作为一家民营企业，云蝠较早地跨出了国门，从1999年在日本大阪设立首家境外办事处开始，云蝠公司先后在日本、美国、欧洲设立了办事机构及销售分公司。通过全球化布局，使公司外销渠道不断拓展，保证了云蝠外贸的可持续发展。2011年，公司为了更好地发挥国外分支机构的功能，一方面，巩固与规模较大、信誉较好的中间商的业务联系，以保证充足的业务；另一方面，继续简化贸易流程，撇开中间商，直接找零售商，撇开进口商，自主产品直接上商场。目前，云蝠在美国可以直接进入批发、零售渠道，自主品牌销售取得了良好的经济收益。

不仅如此，云蝠服饰考虑到劳动力成本因素，先后在福建、河南和苏北等成本相对较低的地区建立了生产基地，在稳定增量的同时，也能让公司将更多精力用于研发，专注于精品、高端产品的生产。除了将加工业务布局到全国各地进行生产外，公司还开辟了境外生产线。经过周详的考察和调研，结合当地对外商投资优惠的政策条件以及比较优势，2010年公司在孟加拉国首都达卡投资设立了Bangladesh Yunfu Knitwear Ltd公司，并成功收购了达卡当地的TASIN SWEATERS LTD公司。通过将生产环节向境外延伸，以先进纺织技术结合当地低廉的原材料与劳动力优势，既缓解了国内用工成本不断增长的压力，又迅速抢占了周边市场。2014年公司销售额超过10亿元，其中自主品牌出口额达到70%左右。

近年来，公司还加大了国内市场的开发力度。自2011年开始，为改变原有的仅仅依靠江阴本部生产、外发的模式，公司又在无锡设立了全资贸易公司，广纳贤才，形成了江阴、无锡两种模式。这两种模式既有竞争关系，又有协作关系，使云蝠公司始终在风云变幻的国际竞争中不断前进。

（三）投资方式：绿地投资、公司并购

在该案例中，云蝠服饰主要采取了绿地投资与跨国公司并购的方式。绿地投资，是指跨国公司在东道国设立新的企业，形成新的生产能力。通过绿地投资，企业对新设公司的资源和技术知识有较高的控制力，但也需要承担固定投资成本。根据孟加拉国的相关法律规定，外国投资者可设立的企业形式，包括公司代表处或办事处、外商独资企业、合资企业、分公司或子公司、股份有限公司等。但需要注意的是，在孟加拉国申请合资或独资企业，申请股份有限公司，设立分公司、子公司或代表处、办事处等分别需要进行不同的行政审批流程，且相关行业的企业、公司在孟开展业务也必须获得相应的登记证和许可证。在主管机构方面，申请合资或独资企业的主管机构是出口加工区管理局或 BIDA，申请股份有限公司的主管机构是 RJSC&F，设立分公司、子公司或代表处、办事处的主管机构是 BIDA。另外，外国投资者必须在 BIDA 申请注册。

公司并购一般指企业通过一定的渠道和支付手段，购买另一个企业的全部或者部分股份、资产，从而达到控制其生产经营的目的。根据各国公司法的规定和国际实践，对现存企业的并购形式大体上有 3 种，即新设合并（Consolidation）、吸收合并（Merger）和收购（Acquisition）。国际上习惯将吸收合并（Merger）和收购（Acquisition）合在一起使用，简称为并购（M&A）。跨国并购（Cross-Border Mergers and Acquisitions）是企业国内并购的延伸，是跨越国界的吸收合并和收购经营活动。根据贸发会议（UNCTAD）的定义，跨国并购包括：（1）外国企业与境内企业合并。合并又分为平等合并和法定合并。平等合并即建立一家新实体；法定合并即只有一家公司继续存在并成为一家新成立的公司，承担被合并公司的全部债务。（2）收购境内企业的股权达 10% 以上，使境内企业的资产和经营的控制权转移到外国企业。孟加拉国法律对资本形态和股权比例无限制，外国投资者可以享有 100% 股权，允许外商申请设立独资企业、合资企业、私人有限公司、公众有限公司等。同时，孟加拉国对于外国自然人在当地开展投资合作的限制也较少。

（四）法律风险分析

在上述投资方式中可能涉及的风险主要有：决策失误风险、信息不对称风险、财务状况风险、金融风险以及法律风险。而在法律风险中主要涉及并购协议的争议风险、第三方合同风险、并购后诉讼风险等。在并购协议的争议风险中，包括卖方当事人（目标公司股东）拒绝履行并购协议或者买方当事人（并购公司）拒绝履行并购协议，以及并购并履行完毕后的并购协议等争议。因此，如买方针对卖方违反披露义务，隐藏并购交

易中的重要事实，导致买方支付了超出合理价格的对价，或者卖方（通常为目标公司小股东）针对并购公司提出诉讼，认为并购公司价值被严重低估出售（Underpaid），从而引发争议以及随后的诉讼。第三方合同风险，是指目标公司对于与其有关的合同有可能管理不严，或由于卖方的主观原因而使买方无法全面了解目标公司与他人订立合同的具体情况，而这些合同将直接使买方在并购中处于不利的地位。并购诉讼风险，是指目标公司没有全面披露正在进行或潜在的诉讼以及诉讼对象的具体情况，那么诉讼的结果很可能就会改变诸如应收账款等目标公司的资产数额。此外，在并购结束后，并购公司、目标公司甚至并购公司或者目标公司的管理层、股东都可能有遭受起诉的风险，如债权人诉讼、产品责任诉讼、劳动争议诉讼等。由于目标公司没有全面披露正在进行或潜在的诉讼事由的具体情况而导致诉讼结果很可能改变目标公司诸如应收账款等资产数额发生变化而产生的风险。

可能涉及的法律规范包括《1872 年合同法》《1918 年棉布法》《1947 年外汇管理法》《1969 年证券交易条例》《1980 年外国私人投资促进和保护法》《1993 年孟加拉国证券交易委员会法》《1993 年金融机构法》《1994 年公司法》《2009 年商标法》《2012 年竞争法》《2015 年商标规则》《2016 年孟加拉国投资与发展局法案》《2018 年孟加拉国证券交易委员会（收购、大量股份收购）规则》《2022 年孟加拉国联合公司修订法》等。

（五）孟加拉国纺织与 RMG 行业分析

孟加拉国是世界领先的纺织品和服装制造出口国之一，该行业占该国出口总额的 80% 以上。在过去的几十年里，由于有利的政府政策、对现代机械的投资和熟练的劳动力，孟加拉国的纺织业发生了重大转变。该行业已从低价值的棉纱生产转向高附加价值的纺织品和服装制造，这使孟加拉国成为全球市场中纺织品的主要供应国。

根据 BIDA 的介绍，孟加拉成衣业以其强大的制造能力和繁荣的生态系统而闻名，且不断发展壮大，现已成为全球服装采购中心。目前，这个行业由 4000 多家工厂组成。孟加拉国的 RMG 出口包括各种针织品和梭织服装产品，如衬衫、裤子、T 恤、牛仔服装、夹克、毛衣等。孟加拉国的 RMG 出口每年以超过 7% 的年增长率增长，与 2011 年相比，2019 年的增长率是 2011 年的 1 倍多。截至 2020 年 12 月，出口总额约为 274 亿美元，在全球 4350 亿美元的服装出口市场中占 6. 30% 的市场份额。① 受新冠疫情影响，该行业暂时受挫，但成衣制品需求已开始恢复。同时，孟加拉国从国外进口的纺织品正迅

① 参见 BIDA 网，https://bida. gov. bd/readymade-garments。

速减少。其中，减少的进口纺织品不仅包括纱线及布料，缝纫线、拉链、纽扣、标签与其他配件等亦囊括在内。根据 BTMA 表示，外商投资孟加拉国织布业的机会仍非常大。未来孟加拉国的色纱衬衫布、床单、毛圈织物及牛仔布产业将会有很好的发展前途。随着孟加拉国成衣业持续增长，该产业对其国内生产的纱线、布料及其他项目的需求也将日益增加。

根据《孟加拉国纺织品制造商协会 2022 年度报告》显示，在 2021 ~ 2022 年中，孟加拉国出口的纺织品和服装产品价值超过 420 亿美元。其中，BTMA 贡献了 2758 亿美元，约占服装出口总额的 66%。根据最近的统计数据，国内面料需求量为每年 70 亿米。孟加拉国目前从中国进口 60% 的机织物，20% 的针织物，80% ~ 85% 的染色化学品和配件用于 RMG 出口。孟加拉国可能会鼓励国际投资者投资与 RMG 相关的落后行业，如纺纱、织物、化学品行业等。这些行业现在都主要依靠进口。为了维持庞大的 RMG 工业基础，孟加拉国的 RMG 部门需要同 MMF、RMG 工业中使用的化学品和替换零件等领域的落后部门联动。因此，投资相对落后的关联行业可以给投资者带来巨大的收益。鉴于越来越多的消费者偏向人造织物，未来孟加拉国会加大合成纤维产品的开发。①

今天，孟加拉国内的纺织品生产商面临着各种各样的挑战。一是外商投资的动力不足。外商在孟加拉国投资仍然有着诸多不确定性和限制，包括基础设施落后而产生的运输问题、能源供应短缺问题。高昂的商业成本也限制了出口竞争力和对外商孟加拉国的投资。二是环保的生活方式对孟加拉国纺织业的冲击。由于缺乏多样化，孟加拉国很容易受到消费者需求变化的影响。以可持续和清洁的流程生产环保产品，这一趋势不可避免。根据麦肯锡的一项调查，22% 的受访者对生活方式进行了重大调整，以减少对环境的影响。此外，毕马威的一项研究显示，64% 的受访者支持可持续的时尚。外国买家对这种环保理念非常重视。而孟加拉国在这方面的表现却不尽如人意。据统计，服装行业每年需要 1.5 万亿升水来对棉花和纺织品进行染色和洗涤，而这是不可持续的。三是由于世界各地的客户都追求 RMG 的质量和舒适程度，这促进了人造纤维和合成纤维生产的全球趋势。在相关市场中，合成纤维制成的女性冬季服装全球产量增长了 44.53%。但孟加拉国在这方面却非常薄弱，只有 4 家合成纺纱厂。此外，孟加拉国纺纱厂的生产技术相对落后，难以合成生产原料之一——人造纤维。

（六）投资机遇

为了使该行业生产的产品多样化，孟加拉国政府欢迎投资制造更具多样化的服装项

① 参见 BTMA 网，https://btmadhaka.com/btma-annual-report-2023/。

目。随着成衣行业不断迎合持续变化的时尚趋势。近年来，由于聚酯、粘胶、天丝等人造纤维具有价格低、功能强、经久耐用等特点，上述原料在服装生产中使用需求明显增加。为了满足消费者的需求，孟加拉国成衣制造商也开始增加生产由人造面料制成的服装。对人造纤维日益增长的需求为纺织品生产商提供了一个巨大的投资机会。外国投资者可以在该国设立工厂，以满足当地对人造纤维制成的织物的需求。此外，孟加拉国政府还提供了额外的激励措施，鼓励对人造纤维的投资。同时，当地纺织业每年平均依赖进口机械（织造、轧纱、纺纱）创造的价值达 10 亿美元，具有巨大的进口替代机会。随着当地纺织业的稳步发展，纺织（及黄麻）机械的零配件需求也在上升，故零配件的投资机会将会被更加看好。①

案例二　永福股份投资孟加拉光伏发电项目

（一）永福股份简介

福建永福电力设计股份有限公司成立于1994 年，其前身为福建省电力勘测设计院设立的中外合资企业。公司经过 20 多年的不断努力，2015 年公司积极推进 IPO 工作，并最终于 2017 年 10 月 31 日在深圳创业板成功挂牌上市。公开资料显示，永福股份不仅在国内的相关行业具有知名度，还深度参与国际项目。公司锚定海外潜力市场，创新商务模式及项目管理模式，为客户提供优质服务，努力打造“一带一路”上的精品示范工程，用技术实力兑现永福股份品牌承诺。

作为电力能源发展和创新的重要参与者，公司先后荣获“高新技术企业”“优秀勘察设计企业”“全国勘察设计行业创优型企业”“2020 年中国十大民营工程设计企业”等诸多荣誉称号，并持续加大科学研究力度，获批“博士后科研工作站”。一直以来，公司为国内外客户提供电力能源系统集成解决方案、产品和服务，业务范围涵盖电力能源项目开发、规划咨询、勘察设计、工程建设、数字能源服务、运营维护管理等全生命周期，并致力于成为国际知名的电力能源综合服务商，目标是让电力更清洁更智慧。

（二）积极参与国外光伏项目

2019 年 9 月 20 日，永福股份与新加坡上市公司 SHS 子公司 HDFC SINPOWER LIMITED 签订总金额为6374. 38 万美元的《孟加拉迈门辛 50MWac 光伏项目工程总承包合同》。经过为期 1 年的辛勤付出，该项目最终于孟加拉当地时间 2020 年 9 月 29 日晚 23 时 45 分一次性并网成功。据报道，孟加拉迈门辛 50MWac 光伏项目是孟加拉已建项

---

① 参见 BIDA 网，https://bida. gov. bd/light-engineering。

目中单体规模最大的光伏发电项目。孟加拉迈门辛 50MWac 项目由 HDFC SINPOWER LIMITED 投资建设，总容量为 50MWac（直流侧容量为 72.7MW），这一光伏发电项目是继菲律宾、越南、马来西亚光伏项目之后，永福股份在海外取得的又一重大成绩。项目在建设过程中采用属地采购清关方式，同时在设计标准、施工建设及调试并网等方面积累了重要经验，这些经验为永福股份国际市场的开拓打下了坚实的基础。2023 年，福建永福电力设计股份有限公司又参与了孟加拉国 BANDARBAN 70MW（AC）光伏发电项目，该项目规划投资总额约为 9754.48 万美元。其中，子公司永福新能的投资金额将不超过 8486.40 万美元（按 2023 年 10 月 11 日汇率计算，折合人民币约 6.09 亿元）。据公告，项目拟建设于孟加拉国吉大港大区班多尔班县，该区域光资源条件优越。项目建设周期预计 1 年，运营期预计 20 年。项目建设规模约 95MWp，规划投资总额约 9754.48 万美元。项目建成后，预计年等效利用小时数约 1475 小时，年均发电量约 140,080MWh，项目资本金财务内部收益率约为 15.55%。项目规划投资总额预计约 9754.48 万美元，其中，项目公司的资本金约占投资总额的 30%。资金来源为自筹资金，其余资金采用债务融资方式筹集。

近年来，永福股份参与的项目还包括：2020 年永福股份与上海电气集团股份有限公司正式签订孟加拉鲁普莎 800MW 燃机联合循环电站项目勘察设计合同。2022 年 7 月 28 日，永福股份与中国重型机械有限公司在福州签署孟加拉国光伏项目合作开发协议。

（三）融资方式：IPP

银行融资是国际电力项目中自筹资金的重要渠道，而融资协议在项目相关的协议中具有至关重要的地位。简言之，融资协议是指，融资双方设立、变更、终止资金筹集关系的协议。在国际电力项目中，项目发起人（投资人）在取得项目后，为使项目落地实施，便要寻找项目参与方，与之商谈各类项目合同进而吸引投资用于项目建设。投资人与银行关于融资内容达成一致意见就形成了融资协议。从形式上看，融资协议是项目公司和融资银行之间的协议，但它是以购电协议、工程合同和特许权协议等不同种类项目合同为基础构建起来的。以融资协议中的完工担保、运维担保、购电协议的直接协议等为例，前述协议分别是在工程合同、运维合同和购电协议等主项目合同基础上成立的。

在 IPP 项目中，发起人设立项目公司并与项目参与方签署各类项目基础合同，包括但不限于：与东道国政府签署特许权协议或执行协议、与购电方签署购电协议、与投资合伙人签署股东协议、与承包商签署工程合同、与燃料供应商签署燃料供应协议、与运维商签署运营维护协议、与出口信用机构签署出口信用保险保单、签署土地购买协议或者土地租赁协议等。融资协议是项目合同的核心，其主要的条款包括：融资条款、管理条款（提款条件、陈述与保证、承诺、违约事项、格式条款等）。值得注意的是，对 IPP 项目而言，银行一方虽然无法从投资人手里拿到全额的连带责任担保，但是会要求投资人、承包商乃至运维商都给予一定程度的担保。银行会将 IPP 项目涉及的担保罗列在"担保文件"（Security Documents）中，作为贷款协议的附件之一。这里主要涉及两类担保：一类是信用担保（完工担保、成本超支担保、运维担保），另一类是物权担保（抵押担保、质押担保、浮动押记担保）。

（四）投资风险分析

一是相关协议的签署与手续办理。本项目涉及跨境投资，公司需要完成政府主管部门的相关审批或备案程序。披露的公告显示：目前公司尚未正式取得项目投资运营权，也未与购电方签署正式的售电协议。因此，公司应尽快推进项目相关协议的签署及手续办理，力争在本项目正式开工建设前取得当地相关主管部门的开发批文以及施工许可等文件。

二是项目预期收益无法实现的风险。项目投资会受到原材料价格波动、项目土地购买进度不及预期、项目建设成本超支等因素的影响，继而影响本项目的经济性。在运营期内，如天气变化或运维不当，可能造成光伏等有效利用小时数不达预期，导致出现项目发电量下降的风险。同时，如人工费用持续上涨，可能导致出现项目运维成本上升的风险。以上多种因素均可能导致项目预期收益无法实现。故公司需加强建设与运营管理的方式以降低风险。

三是汇率及汇兑的风险。因该项目造价最初是以美元计价，但最终使用孟加拉国货币塔卡支付履约对价，故由孟加拉国塔卡和美元存在汇率波动而引发汇兑风险的可能性极大。基于此情形，公司要密切关注有关汇率情况，通过选择合适的套期保值工具等方式降低汇率及汇兑风险。

可能涉及的法律规范包括《1872 年合同法》《1883 年土地改良贷款法案》《1914 年地方当局贷款法案》《1940 年放债人法案》《1947 年外汇管理法》《1947 年商业利益税收法》《1960 年公共投资财政保障条例》《1971、1972 年孟加拉国银行管理令》《1972 年财政令》《1972 年孟加拉国税法改编令》《1973、1974、1975、1976、1980、1981 年金融法》《1994 年公司法》《2001 年仲裁法》《2006 年公共采购法》《2012 年可持续和可再生能源发展机构法案》《2020 年孟加拉国银行修订法》等。

（五）孟加拉国可再生能源利用概况

孟加拉国政府为使所有国民都用上电，将电力部门置于最优先的地位，并制定了使用天然气、煤炭、双燃料、核能和可再生能源的短期、中期和长期发电计划。可再生能源将在满足电力需求方面发挥至关重要的作用，特别是在该国没有接入电网的地区。政府设定了到2015年可再生能源发电量占总电力供应的5%，到2020年可再生能源发电量占总电力供应的10%的目标。为实现这一目标，政府推行了多项可再生能源计划（包括燃料多样化；发展国内基础燃料；私营和合资企业参与；提高能源使用效率；使用替代能源；将煤炭作为能源的主要来源；跨境电力贸易；利用核能；降低碳排放；建设有效、高效的基础设施；多部门协调发展）。考虑到国家未来的能源安全，孟加拉国政府对可再生能源给予了充分且必要的考虑。为了加快可再生能源技术在该国的整合进程，孟加拉国政府于2008年批准了《可再生能源政策》。该政策的目标是利用可再生能源的潜力并将其惠及于人民，以及支持、鼓励和促进公共和私营部门的投资。除了可再生能源政策外，其他法案、政策和法规也支持在孟加拉国促进可再生能源的发展。具体措施体现在：设立SREDA以及2012年12月通过SREDA法案。法案的目标是促进、发展和协调该国的可再生能源和提升能源效率方案。SREDA将编制短期、中期和长期计划，以实现政府通过其政策制定的目标。SREDA将监测公共和私营实体实施的所有可再生能源计划和活动。SREDA将创新可再生能源项目的融资和激励机制。

（六）孟加拉国光伏发电行业投资前景

孟加拉国可再生能源的前景是光明的，尤其是太阳能。但在可预见的将来，可再生能源仍将是传统能源生产的重要补充。可再生能源仍将在国家电网以外的消费者或电网连接延迟的地方发挥重要作用。

孟加拉国位于北纬20°30′~26°45′，每年有300多天的太阳辐射，平均为5千瓦时/平方米。孟加拉每天的日照时间为7~10小时。这种丰富的太阳能在孟加拉国的各个部门都有巨大的潜力，它的使用将有助于减少传统的化石燃料的电力消耗，同时为子孙后代确保绿色环境。为此，孟加拉国政府曾推出SHS。IDCOL在世界银行、GEF、KfW、GIZ、亚洲开发银行和伊斯兰开发银行的财政支持下，通过其太阳能系统计划在偏远农村地区推广SHS。IDCOL于2003年1月启动了该计划，到2015年7月，它成功地资助了350多万用户，总容量约为150MW。除此之外，孟加拉国政府还推出过政府办公室屋顶太阳能计划和并网太阳能公园，上述计划均取得了一定的成效。

为应对日益增长的电力需求，孟加拉国政府近年来非常重视光伏发电。据统计，目前已经完工并投入运行的项目主要有：位于沙达尔乡，希拉基甘杰地区的Sirajganj 6.13MW（AC）并网太阳能光伏电站，装机容量为7.6MWp；位于希巴拉雅乡，马尼克甘杰地区，由孟加拉国Spectra Engineers Limited和顺风投资有限公司联合建设的35MW（AC）太阳能园区，装机容量为35MWp；位于蒙格拉乡，巴盖尔哈德地区，由阿联酋

Energon Technologies FZE 和中电光伏建设的 100MW（AC）太阳能园区，装机容量达 100MWp；以及位于甘加查拉，朗布尔地区，由 Intraco CNG Ltd 和 Juli New Energy Co. Ltd. 建设的 30MW（AC）太阳能园区，装机容量为 30MWp 等。① 数据显示，孟加拉国可再生能源总装机容量为 951. 59MW，其中太阳能排在首位，合计装机容量 717. 6MW，占比 75. 4%。在诸多可再生能源项目中，太阳能有巨大的潜力。孟加拉国目前正在推广屋顶和浮动太阳能电池板，并引入了光伏系统净计量电价制度以进一步普及太阳能。

案例三　中国中铁股份有限公司投资孟加拉国帕德玛大桥铁路项目

（一）中国中铁股份有限公司简介

中国中铁股份有限公司的历史可追溯至 1950 年 3 月中国铁道部成立的工程总局和设计总局，该局之后变更为铁道部基本建设总局。1989 年 7 月，经国务院批准撤销基本建设总局，组建中国铁路工程总公司。进入 21 世纪后，公司实行政企分开，由国务院国资委履行出资人职能。2007 年 9 月，中国铁路工程总公司独家发起设立中国中铁股份有限公司，并于 2007 年 12 月 3 日在上海证券交易所上市，2007 年 12 月 7 日在香港联合交易所上市。同年 12 月由全民所有制企业改制为国有独资公司，更名为中国铁路工程集团有限公司。

中国中铁业务范围涵盖的建设领域广泛，包括铁路、公路、市政、房建、城市轨道交通、水利水电、机场、港口、码头等，能够提供建筑业“纵向一体化”的一揽子交钥匙服务。此外，公司实施有限相关多元化战略，在勘察设计与咨询、工业设备和零部件制造、房地产开发、矿产资源开发、高速公路运营、金融等业务方面也取得了较好的发展。同时，中国中铁在特大桥、深水桥、长大隧道、铁路电气化、桥梁钢结构、盾构及高速道岔的研发制造、试车场建设等方面，积累了丰富的经验，形成了独特的管理和技术优势。桥梁修建技术方面，有多项修建技术处于世界先进水平；隧道及城市地铁修建技术处于国内领先水平，部分技术达到世界先进水平；铁路电气化技术代表着当前中国电气化最高水平。

目前，中国中铁股份有限公司是集勘察设计、施工安装、工业制造、房地产开发、资源矿产、金融投资和其他新兴业务于一体的特大型企业集团。其业务范围遍及全球，自 20 世纪 70 年代建设坦桑尼亚至赞比亚铁路项目开始，先后在亚洲、非洲、欧洲、南美洲、大洋洲等多个地区的国家建设了一大批精品工程。公司在全球 90 多个国家和地区设有机构和实施项目。作为全球最大建筑工程承包商之一，中国中铁连续 17 年进入世界企业 500 强，

① 《孟加拉光伏发电政策文件　孟加拉国太阳能园区》，载 https://zhuanlan. zhihu. com/p/141817819，最后访问日期：2024 年 11 月 30 日。

2022 年在《财富》世界 500 强企业排名第 34 位，在中国企业 500 强排名第 5 位。

（二）中国中铁股份有限公司中标孟加拉国铁路建设项目

2016 年 8 月 8 日，孟加拉铁路局与中国中铁股份有限公司（以下简称中铁公司）在孟加拉达卡市签署孟加拉帕德玛大桥铁路连接线项目（Padma Bridge Rail Link Project）的建设合同，合同约定由中铁公司作为该项目的总承包商。主要内容如下：1. 合同金额项目以美元计价，合同金额为 31.3875 亿美元，折合人民币约 208.0897 亿元，约占当年中铁公司最近一期经审计的营业收入的 3.33%。2. 项目概况：施工线路起于既有达卡站，经马瓦，通过在建的帕德玛公铁两用大桥，再经邦嘎至杰索尔，中段与既有 Rajbari 至 Kashiani 铁路和 Faridpur 至 Bhanga 铁路连接，组成了孟加拉西南部新的铁路网骨架。项目新建铁路正线全长 168.6 公里，单线，轨距为宽轨，速度目标值 120 公里/小时。3. 工程范围：该项目主要工程范围包括：（1）全线的桥梁及其附属工程；（2）全线的路基及其附属工程；（3）全线的铺轨工程；（4）全线的通信信号工程；（5）全线的站房及附属工程；（6）车辆购置；（7）完成全线施工图设计、培训计划及完工后修补缺陷等工作。4. 该项目一次建成施工总工期为 54 个月。2022 年 8 月 23 日，帕德玛大桥铁路连接线开始铺轨，连接线起于孟加拉国首都达卡站，经帕德玛大桥至终点站杰索尔，全长近 170 公里。2023 年 3 月，由中铁北京工程局承建的孟加拉帕德玛大桥铁路连接线项目路基移交暨轨道施工开工仪式在卡西亚尼车站举行。同年，当地时间 10 月 10 日，由中铁公司承建的孟加拉国帕德玛大桥铁路连接线先通段（达卡至邦嘎段）正式通车。①

（三）投资方式：PPP

PPP 最初起源于英国的“公共私营合作”的融资机制。它是指在公共基础建设领域，政府选择具有投资、运营管理能力的社会资本，双方平等协商并通过订立特许协议的方式，明确双方的权利与义务，作出多元化安排以促进项目的顺利完成，实现政府和社会组织的预期目的。这种模式的特点在于突出合作的公共属性，并将市场机制引进基础设施的投资与融资领域。各国政府能够赋予建设项目包括征收、出资、以适中或象征性的价格提供场地、为公共融资组织提供低息贷款、给予财政优势和限制竞争者数量等特权。以该案例为例，帕德玛大桥铁路连接项目获得了 537 亿塔卡的资助。目前 PPP 的应用范围相对广泛，该模式包括 BT（建设—移交）、BOT（建设—经营—移交）、BOOT（建设—拥有—经营—移交）、PFI（民间主动融资）、BTO（建设—移交—运营）、ROT（修复—经营—移

① 参见祁曙光、张妹妹：《帕德玛大桥铁路连接线先通段正式通车》，载《中国中铁》2023 年 10 月 12 日，第 1 版。

交)、BLT(建设—租赁—移交)、DBFO(设计—建设—融资—经营)、BOOST(建设—拥有—经营—补贴—移交)、ROMT(修复—经营—维修—移交)等。

我国企业也积极利用PPP(含BOT、BOOT、PFI、BLT、DBFO等多种模式),参与孟基础设施建设,尤其是在路桥、电信、电力、疏浚和水厂等基础设施工程项目领域。这些项目涵盖港口、机场、公路、铁路和桥梁、电站、输电线路、经济特区、公共建筑、会议中心、体育设施、商业地产、住宅、教育建筑、医院、供水、污水处理等多个设施建设、运营与维护。需要注意的是,在孟加拉国采用PPP的期限并非固定的。在实践中具体特许经营年限由孟加拉国有关当局、项目涉及的具体政府部门和投资人根据本项目资金回收期等情况共同商议决定。而在孟加拉国参与PPP的主体,主要是当地实力较强的财团,项目主要涉及电力、道路、学校等基础设施。

(四)投资风险分析

一是建设施工行业需考虑当地气候及地理环境。孟加拉国大部分地区属于热带季风气候,有半年的时间高温多雨,洪水、飓风频发,这会对施工人员的安全性造成较大威胁,造成有效施工时间缩短,因此只能充分利用旱季抓紧施工完成进度。此外,湿热的环境也会对施工作业的开展产生不利影响,水泥、混凝土等建材不易凝固,金属部件易生锈腐蚀。在地质条件方面,由于雨季降水强度大,河岸两侧容易受到侵蚀,导致河流含沙量大。而帕德玛河下游地势平坦,河流携带的泥沙易堆积,所以河床堆积物厚度增大,在这些堆积物中多为质地松软的细颗粒的黏土和粉砂。如此复杂的水下地质条件让桥墩难以稳固。上述因素将极大增加施工的难度与成本。

二是PPP本身存在的风险。在PPP运行过程中,其风险主要来自政府方面、市场方面、政策法规方面以及违背公益性原则。政府方面的风险主要包括政府决策风险、项目审批风险、政府廉政风险、政府信用风险和政府干预风险五个方面。市场方面的风险有:PPP项目盈利低下或者亏损的风险和市场变化风险。政策法规方面的风险体现在因政策变更而导致纠纷的产生。违背公益性原则则与PPP中的社会资本一味追求利益而不提供公共服务的目的相矛盾。

三是PPP在孟加拉国实行的风险。PPP在孟加拉国处于刚刚起步阶段,受到政府政策不断变更的影响。虽然孟加拉国已制定了各项法律法规文件,但内容过于笼统,主要是原则性规定,在实际操作中仍存有部分漏洞。此外,孟加拉国当地债权市场也不够成熟,通过发行债权进行融资也是比较困难的。加之缺乏专业运营管理人员及相应的运营管理能力,这也将阻碍PPP的顺利运行。

可能涉及的法律规定:《1980年外国私人投资促进和保护法》《2010年PPP政策和策

略》《2012 年 PPP 项目可行性补贴指导原则》（Guideline for VGF for PPP Project 2012）《2015 年 PPP 法》《2016 年 BIDA 法案》《2016 年 PPP 项目采购指南》《2018 年一站式服务法案》《2020 年孟加拉国银行修订法》《2020 年用于支付特许权使用费、技术知识/技术诀窍费、技术援助费和特许经营费的汇出汇款指引》《2020 年一站式服务规则》《2021 年孟加拉国房屋建筑金融公司修订法》《2023 年孟加拉国 PPP 修订法》《2023 年为在孟加拉国设立外国商业办事处提供许可、为外国工人提供签证建议和向外国工人发放工作许可证的指导方针》等。

（五）孟加拉国 PPP 现状

孟加拉国基础设施建设主要围绕公路、铁路、电力、网络通信、航空机场、水运港口等进行。据孟加拉国交通部最新数据显示，孟加拉国公路总里程为 2. 3 万公里，现有铁路 2955. 53 公里，运营里程为 2884. 7 公里，现有正在使用的机场 10 个，其中 3 个是国际机场，在港口方面，只有南部的吉大港及西南部的勐拉港处理货柜能力较强。此外，在其他领域，诸如住房、能源、通信、医疗等，孟加拉国的现状比较薄弱。

孟加拉国在 PP2041 中订立的目标是到 2041 年成为发达国家，并且进一步强调了 PPP 在推动国家发展议程中的重要性。该计划强调将 PPP 作为首要任务，力求实现约 37% 的 GDP 来自 PPP 和私人投资，并特别关注交通、水资源和信息通信技术等领域。在城市交通方面，重点是建立高效的公共交通系统，包括地面高速城市轨道或地下轨道系统。这些资本密集型项目预计将通过 ADP 或 PPP 方案提供资金。为了实现 PP2041 的目标，孟加拉国政府所需的资金数额巨大，从 2021 ~ 2041 财年，平均每年约占 GDP 的 5% 。考虑到这一资金需求的规模，显然仅靠政府预算拨款是不够的。鉴于目前在建项目价值达 380. 1 亿美元，将来仍然需要增加私营部门投资。

孟加拉国通过 PPP 投资的项目有：国立肾脏疾病与泌尿外科研究所血液透析中心、位于 Purbachal New Town 配水与供水设施、达卡高速公路高架桥建设、Jhilmil 高层公寓住宅项目、达卡德姆拉纺织厂、勐拉港口开发、达卡火车站多式联运枢纽建设、Hazrat Shahjala 国际机场第三航站楼的运营与维护等。①

（六）孟加拉国基础设施投资前景

据孟加拉国《每日太阳报》报道，道路连通被视为一个国家快速发展的重要因素。为实现 2030 年可持续发展目标，并在 2041 年将孟转变为发达国家，孟政府已实施道路

---

① PPP 项目管理局官网，https://www. pppo. gov. bd/download/ppp/ar/PPPA_Annual-Report_2022 – 23. pdf。

中期发展计划，拟将全国所有国道升级为四车道。到2022～2023财年，孟交通部预算拨款将增加到7736.5亿塔卡，平均每年增长14.65%。此外，孟政府高度重视铁路建设，拟推动铁路成为现代大众运输系统。孟政府正在实施一项30年总体铁路规划（2016～2045年），涉及资金5.54万亿塔卡。① 当然，在商用住房、医疗、教育等领域孟加拉国也需要大量的基础设施建设。

此外，与基础设施建设相关的建筑材料行业也同样具有投资潜力。高层以及商业建筑和大型基础设施项目的建设不可避免地需要一些特殊的材料，孟加拉国政府希望外国投资者通过建立生产设施，以及通过合资、并购等方式与当地企业建立伙伴关系，为本地化生产作出贡献。以钢材和水泥为例，钢材产品的需求主要是H型钢、角钢、槽钢和通过热辊铣削的热卷材料，用于制造各种平面产品，而水泥则要求产品具有长期强度和水密性，以此满足对特定建筑的建造。

二、新式投资理念与项目风险管理案例

案例四　新式投资理念案例——科克斯巴扎尔风电项目助力孟加拉国风电产业零的突破（ESG）

（一）案例简介

孟加拉科巴风电项目位于孟加拉国东南部城市科克斯巴扎尔（以下简称科巴），该地既是一处风景优美的旅游胜地，也具有丰富的风力资源适合风力发电。科巴风电项目由中国国家电投集团五凌电力有限公司投资开发、中国电建集团成都勘测设计研究院有限公司总承包建设。

项目于2021年9月开工建设，2023年10月并网发电，装机容量为66兆瓦，共安装22台风机。作为全球人口密度最大的国家之一，孟加拉国电力基础设施薄弱，经济社会发展受到严重制约。项目建成后预计每年可提供超过1.45亿千瓦时绿色电能，减少煤炭消耗4.46万吨，二氧化碳排放量10.92万吨，满足10万个家庭用电需求。在项目建设过程中，为当地提供超过1500个工作岗位，投产后的运营操作也将以本地员工为主。

该项目将绿色、清洁理念贯穿始终。项目所在地是连片的稻田，吃草的牛群与风力发电装置共同构成了一幅自然与科技相映成趣的和谐画面。在PP2041中，绿色清洁的

---

① 驻孟加拉人民共和国大使馆经济商务处：《孟加拉国政府计划大规模升级国家道路基础设施》，载中华人民共和国商务部网，http://m.mofcom.gov.cn/article/i/jyjl/j/202008/20200802994112.shtml，最后访问日期：2024年11月30日。

新型能源被视为主要的发展方向，未来中孟两国在清洁能源领域具有广阔的合作前景。据报道，该项目是国家电投在孟加拉国集投资、建设、运营为一体的绿电项目，是孟加拉国首个集中式风电项目，也是国家电投、五凌电力积极响应国家“一带一路”倡议，在海外践行绿色发展理念的新成果，对提高孟加拉国可再生能源比重、促进新能源消费和节能减排发挥重要作用，被当地主流媒体誉为“中孟能源合作的典范”。

2022 年 8 月，孟加拉国遭遇了百年来最严重的洪灾，数百万人受灾，五凌电力积极履行社会责任，组织全体员工捐款用于救灾，树立了国家电投境外履行社会责任的良好形象。因而，该项目荣获国家电投“2022 年社会责任、ESG 十佳案例”。

（二）ESG 的含义

ESG 这一概念于 2004 年由联合国环境规划署金融行动联合其他机构首次明确提出。三个字母分别代表 Environmental（环境）、Social（社会）和 Governance（公司治理）的缩写。ESG 可以被理解为是一种以人与自然和谐共生为目标的可持续发展价值观，之后在责任投资原则与企业社会责任的基础上逐渐发展成为一种重要的投资理念、评价方式和企业行动指南。

在本质上，ESG 投资是一种整合方式，即投资者需要综合考虑上述 3 个主要因素及可能的风险并结合具体指标对投资进行全面评估。具体来说，环境（Environmental）涵盖了企业如何妥善处理其对环境的影响，包括对气候变化的反应、资源使用与保护、环境治理、绿色技术、环保投入、能源效率、排放物管理、废物及消耗防治、可再生能源的使用等。社会（Social）关注企业对待员工、供应商、客户、社区和社会的方式。这可能包括关注劳工基本权利、产品质量、隐私数据保护、税收贡献、反对性别歧视、供应链责任管理、多样性和包容性、社区投入、安全和健康等方面。公司治理（Governance）指的是企业的管理结构、决策过程、透明度、道德准则和法律合规性。良好的治理通常包括：股权结构、风险管理、信息披露、薪酬体系、会计政策、反不公平竞争、员工道德行为准则、独立董事监督、透明度和问责制度等。以碳排放为例，在全球变暖的今天，碳排放与每个国家和个人息息相关，而 ESG 也当然将降低碳排放纳入投资指导范围。首先，企业和投资者在考虑 ESG 时通常会关注企业从事生产活动对环境气候变化的影响，并采取措施力图减少温室气体的排放。这些措施可能有采用更清洁的能源、提高能源效率、改进生产环节以减少废物和排放物，以及加大可再生能源使用力度等。其次，虽然与减少碳排放直接相关的社会方面的影响因素相对较少，但社会责任感和可持续发展常常被视为减少碳排放的主要理由。促进清洁能源产业的发展，创造更多的可持续就业机会，改善社区健康和质量等，都为社会提供了积极的正向引导。最后，良好的治理对推动企业采取减少碳排放的行动也很关键。政策与管理的透明度、有效的问责制和科学的企业管理结构能够有助于企业制定和实施长远的投资战略，并确保这些措施得到持续实施和监督，以减少其对环境的负面影响。ESG 所涵盖的各项因素在推动企业和投资者采取行动以减少碳排放和促进可持续发展方面发挥着重要作用。它鼓励企业采取更环保、更具社会负责的做法，同时也引导投资者关注长期的环境影响和企业的可持续性之间的紧密联系。所以，ESG 也是一种可持续的投资方式的体现。

（三）孟加拉关于 ESG 的政策法规

孟加拉出台了一系列政策以建设可持续银行业务的监管框架。2008 年，孟加拉国银行发布了一份关于《使社会责任成为孟加拉国银行和金融机构的主流》的通知，该通知要求孟加拉国银行和金融机构必须每半年向孟加拉国银行报告其社会责任活动，同时也是首次引入了 ESG 报告的概念。2011 年，孟加拉国银行发布了《绿色银行业务政策导则》和《环境风险管理指引》，鼓励银行在信用评估过程中进行系统的环境风险分析，并支持环保项目融资。[①] 2013 年，绿色银行业务政策延伸至所有非银行金融机构。同年，孟加拉国银行引入统一的报告格式。2017 年 2 月，孟加拉国银行发布了《孟加拉国银行和金融机构环境和社会风险管理指南》，作为对 2011 年《企业风险管理指导方针》的更新。2018 年，BSEC 出台了《公司治理指南》，要求上市公司强制披露各种治理问题，例如环境污染、社会包容、歧视、贿赂等。2020 年，孟加拉国银行颁布了《可持续金融政策》，将 ESG 纳入孟加拉国银行和金融机构的投资组合。

虽然在世界范围内，国际社会对 ESG 的标准制定未达成统一的共识，但在可持续发展理念与全球实现“碳达峰”目标的指引下，国内外资本市场对 ESG 的关注持续升温。从各国 ESG 的发展来看，越来越健全的政策法规与评价体系正在被建立起来。未来，企业从单纯追求投资收益向注重 ESG 转变将会成为新的趋势。

案例五　孟加拉沙迦拉化肥厂 EPC 合成氨项目风险管理案例

（一）项目简介

项目名称：孟加拉沙迦拉化肥厂项目。

项目地点：孟加拉锡莱特地区芬久甘杰 Natural Gas Fertilizer Factory Ltd 厂附近，项目

① 参见《共建“一带一路”国家 ESG 政策法规研究》，载 https://mp. weixin. qq. com/s? __biz = MzA4OTkwOTA0MA = = &mid = 2247506301&idx = 1&sn = 8c7587ea821b79fdeedbd64eb2966c6f&chksm = 90112b22a766a234e7ad7e40994cf92a2830637b0a7e7f33eded0c5f7ad2175641801cca8159&scene = 27，最后访问日期：2024 年 11 月 1 日。

实际地理坐标（主装置和袋、散库区域）：北纬 24°39′11.27″～38′59″，东经 91°56′14″～56′33″。项目现场与首都达卡市公路距离为 260 余公里，与项目主要货运港口吉大港公路距离约为 400 公里，与项目散货抵达港口蒙格拉港水路距离约为 500 公里。

项目内容：新建一座日产 1000 吨合成氨、联产 1760 吨大颗粒尿素的工艺装置，以及配套的蒸汽发电站、中控楼、配电室、化学品库、循环水、脱盐水、污水处理、空压制氮站、场外取水、天然气计量站、散存仓库、袋存库、铁路装车站、液氨储罐等公用工程和辅助装置。

项目投资：16 亿元人民币和 3.25 亿美元以及 15.1425 亿塔卡（按孟加拉沙迦拉化肥厂项目合同价格商定日汇率折算，上述价格总计约合 38.05 亿元人民币）。

项目总承包模式及承包商：该项目为 EPC 交钥匙工程模式，签约总承包商为 COMPLANT。

项目工作范围：总承包商负责以 EPC 交钥匙工程方式，完成项目管理、场地平整、地质勘查、设计、采购、施工、安装、培训和试车、性能考核等全部项目建设工作。

项目总工期：自合同生效日起至最终接收证书颁发日止共计 38 个月，即合同完工时间为 2015 年 6 月 15 日。2016 年 2 月 29 日，业主颁发最终接收证书，合同正式完工，项目实际工期为 46.5 个月。①

该项目是 COMPLANT 服务国家“一带一路”倡议承包的一个 EPC 交钥匙工程，该项目具有从施工周期到完成交付时间跨度大、工程内容复杂、施工难度和技术要求高等特点。由于该项目管理模式存在特殊性，我国公司对国际工程项目风险的管理水平与能力直接关乎项目能否达到预期效果。

（二）EPC 及风险类别

EPC，即工程总承包，是 Engineering（设计）、Procurement（采购）、Construction（施工）的简称。EPC 项目即 EPC 企业按照合同约定，承担工程项目的设计、采购、施工、试运行服务等工作，并对承包工程的质量、安全、工期、造价全面负责。EPC 与传统承包模式相比，其优势如下：强调设计的重要作用；最大限度减少设计、采购与施工之间的矛盾；建筑工程质量责任明确，便于追责。故而这一承包模式在国际工程中被广泛运用。

EPC 项目的风险主要由经济风险、典型风险、合同风险构成。在经济风险中，最常见的形式有汇率风险、通货膨胀风险、原材料价格上涨风险、经济形势恶化防范风险。

---

① 参见李强：《“一带一路”国际工程 EPC 项目风险管理——以孟加拉沙迦拉化肥厂项目为例》，西南财经大学 2019 年硕士学位论文，第 32 页。

典型风险的表现形式为固定总价风险、设计接口风险、采购控制风险、试运行风险。合同风险的种类一般包括合同审核管理风险、工程索赔风险。具体而言，在本案例中，项目风险根据不同阶段而有不同的侧重（按照风险重要性进行排序，越靠前占比越重）：在投标阶段主要是政治、经济、社会、管理、技术与合同风险；在设计阶段则面临管理、技术、自然风险；在采购阶段风险主要来自经济、自然、社会、管理、政治、技术方面；施工阶段的风险有自然、政治、社会、技术、管理、其他风险（业主风险）；试运行阶段的风险为技术、社会和管理风险。

（三）项目风险应对与防范

在风险应对方面，对经济风险采取风险缓解、转移和规避的应对策略，应对措施包括：提高合同“美元”“人民币”的比例；我国国内采购以人民币结算，国际采购以美元结算，孟加拉国内土建施工分包结算用塔卡；依据项目EPC进度计划，编制采购供应计划，及时发布设计请购文件；采购合同中约定后续可以合同原价追加零星的相同材料采购，向采购供应商转移一定的材料涨价风险等。对自然风险的应对策略是风险规避和转移，应对措施有：依据以往水文气象资料，制订大件运输、雨季施工等专题计划，并对设计、采购、施工等提出计划及管理要求；依据最新运河水位协调项目设备的运输工作，依据运输路线上的地理环境和大件设备的尺寸及重量，制定大件运输专项措施，包括道路加宽、道路平整、道路边换填、障碍物拆除等工作，保证项目大件运输的顺利进行等。对固定工期的合同风险，采取风险规避、缓解和接受的应对策略，主要应对措施为对项目所在地进行充分调研，以便有效开展项目总体策划工作，包括采购运输、施工分包等方面；在合同谈判时重点关注项目工期，应考虑宗教民俗文化等因素影响，争取合理的项目建设工期；编制科学合理的项目EPC主体进度计划。并在实施中，对重点或复杂的部分工作，可编制专项进度计划；依据各施工分包商的现场资源及进度，对各分包商的工作范围进行调整；加强对项目关键路径的管控；向业主开展工期索赔；强调项目经理是进度管理第一责任人，同时设计经理、采购经理、施工经理等是职能进度管理的第一责任人；加强合同评审，对不合理条款，在合同阶段积极和业主谈判；重视项目风险管理，针对苛刻条款，制定有关预防或控制措施；充分发挥当地项目代理的沟通协调作用；依据业主的合同支付条款，做好采购、施工分包合同模板策划等。对典型风险（设计、采购、运行）采取的应对策略为风险接受与风险缓解，应对措施包括但不限于：各专业编制工程设计规定，明确各专业的设计原则、选用的标准规范、材料选择以及在详细设计阶段各专业的设计规定等，并提请业主专家审查批准后执行；项目设计过程中，要求各专业部室派遣承担过类似装置产品设计或总承包项目经验的专业负责人及设计人员；严格按照公司QHSE体系，加强设计质量管理，减少设计修改和变更；要求各专业学习、了解中国标准规范与当地标准规范之间的差异，尤其是环保、安全等方面；严格按照合同要求，加强采购供应商名单管理，避免再次出现增补燃气锅炉供应商北京锅炉厂的情况；将培训等工作分包给国内大化肥企业并明确有关组织机构及人员、岗位职责、公辅材料准备、安全要求、应急预案等内容。对管理风险采取的应对策略为风险缓解与接受，主要措施包括：明确项目组织中各岗位职责，清晰工作界面，各职能组相互支持，相互协作，分工不分家，强调团队作用；重视项目策划，合理配置资源；重视施工方案审查，了解施工技术规范要求；重视项目安全管理，建立安全生产责任制；加强沟通，保证项目顺利执行；制订采购供应计划、监造检验计划、运输计划；加强设计质量管理，包括请购文件、数据表、图纸等。对社会和政治风险的应对策略为风险缓解、风险接受与风险转移，应对措施：加强员工培训，尊重当地伊斯兰教风俗和法律规定；购买工程一切险和雇主责任险；关注国际政治局势和孟加拉政治局势走向等。

至此，基于COMPLANT、成达公司的全面有效的风险管理，该项目最终一次性通过考核验收并平稳运行，成为我国海外EPC典型项目。

三、中孟商事纠纷调解案例

案例六　嘉兴某公司与孟加拉国某银行信用证结算纠纷案

案情经过：2022年10月，嘉兴某公司（以下简称嘉兴公司）向孟加拉国客户出口一批纱线制品，付款方式为120天承兑远期信用证，开证行为孟加拉国某银行（以下简称孟加拉银行）。2023年1月，嘉兴公司依约发运全部货物并将完整单证委托代理行交单至孟加拉银行。孟加拉银行于2月8日向嘉兴公司发送承兑函，函告承兑金额为77,820.33美元，承兑付款期为2023年5月7日。然而，承兑付款期满后孟加拉银行迟迟未付款，嘉兴公司两次通过银行发报文催收无果，遂于2023年6月28日向中国贸促会/中国国际商会嘉兴调解中心（以下简称嘉兴调解中心）求助，此时距离孟加拉银行承兑付款期已过去整整42天。

调解过程：嘉兴调解中心接到求助后，第一时间审阅了嘉兴公司提供的形式发票、信用证、提单、承兑函等材料，仔细研究案情后，认为嘉兴公司在信用证层面做到了"单证一致、单单相符"，符合UCP600的相关规定，孟加拉银行应履行信用证项下的承兑义务。考虑到孟加拉国央行对银行的监管作用，嘉兴调解中心于2023年6月29日向孟加拉银行发出敦促履约函并抄送孟加拉央行，敦促其在7日内履行信用证项下承兑义务。孟加拉银行仍未付款也未对此函予以回复。

7月11日，嘉兴调解中心向孟加拉银行发出警告函，并再次警示逾期付款的违约责任和对该银行国际商业声誉带来的不良影响。同时调解员通过多种途径查阅该孟加拉银行的相关资料，了解到该银行是某银行的分支机构，于是通过正式途径依程序向其总行发起投诉。

调解结果：7月14日，嘉兴公司顺利收到了孟加拉银行信用证项下全部款项77,820.33美元。从求助调解中心到收回全部货款，前后仅花费了短短15天时间。嘉兴公司在满意之余，专程向嘉兴调解中心赠送锦旗以示真诚感谢。

案件评析：

当前地缘政治关系日益复杂，部分发展中国家面临资本外流、外汇储备短缺等问题，造成某些银行违约逾期付款，贸促会调解机构近年来收到多起涉孟加拉国、埃塞俄比亚等国家银行信用证迟付甚至拒付投诉案件。因此，建议外贸企业采用信用证付款方式时尽量通过即期信用证、TT + L/C 等多种组合收款方式防范信用证风险，减轻收款压力，同时仔细审核信用证条款，防止出现“单证不符”的情形。一旦发生银行信用证结算纠纷，企业应及时与当地客户、银行取得联系，也可以通过银行系统内部的投诉反馈渠道积极维权，尽快挽回损失。

本案中，嘉兴企业严格遵循了国际贸易信用证交易中的单证流转规则，为纠纷发生后依法主张权利提供了扎实的实体和法理基础。同时嘉兴调解中心及时发出敦促履约函，并同时充分利用银行系统内部监督机制发起正式投诉，多管齐下，最终促使银行尽快履约，取得了较好的效果，维护了企业的合法权益。①

最后，为了使从事商事活动的主体能够在产生商事纠纷时及时有效地解决争议，在此处附上争议解决示范条款以供订立合同时参考。

附：争议解决示范条款

争议解决：凡因本合同引起的或与本合同有关的任何争议，双方同意提交________________［示例：中国（云南）自贸试验区商事调解中心］进行调解。一方当事人不愿意调解或调解不成的，提交 CIETAC 西南分会，按照申请仲裁时该会现行有效的仲裁规则进行仲裁。仲裁裁决是终局的，对双方均有约束力，仲裁费用由败诉方承担。

DISPUTE RESOLUTION：Any dispute arising from or in connection with this Contract shall be submitted to ________________ （e. g. China（Yunnan）Pilot Free Trade Zone commercial mediation center）for mediation. If one party is unwilling to mediate or mediation

① 参见《国际商事调解丨案例精选（一百二十八）：敦促 + 投诉，15 天高效催款到》，载中国国际贸易促进委员会浙江省委员会网 2023 年 9 月 13 日，http://www.ccpitzj.gov.cn/art/2023/9/13/art_1229574285_41184.html。

fails, the dispute shall be submitted to China International Economic and Trade Arbitration Commission (CIETAC) Southwest Sub-Commission for arbitration which shall be conducted in accordance with the CIETAC's arbitration rules in effect at the time of applying for arbitration. The arbitral award is final and binding upon both parties, and the Arbitration fee shall be borne by the losing parties.

案例七　柯桥某公司与孟加拉某公司国际贸易货款纠纷案

案情经过：柯桥某公司（以下简称柯桥公司）和孟加拉某公司（以下简称孟加拉公司）多年来合作良好。2018 年年底至 2019 年年初，双方签署多份销售合同，支付方式为 TT + L/C。合同履行中，孟加拉公司未能按约付款，在柯桥公司的多次催促下，孟加拉公司于 2022 年 4 月 21 日提供了一份书面付款承诺，答应将在 2022 年 5 ~ 9 月分五期付清全部货款，否则愿意承担 20,000 美元的赔偿金。协议签订后，孟加拉公司仅支付其中两笔款项，剩余货款 188,025 美元未如期支付。柯桥公司催讨无果，于 10 月 26 日找到浙江省国际商事法律服务中心（以下简称省商法中心）寻求帮助。

调解过程：省商法中心联合绍兴调解中心，耐心梳理案卷材料后，以绍兴国际商会名义于 11 月 2 日向孟加拉公司制发敦促履约函，要求对方信守契约精神，在 5 日内尽快付款。孟加拉公司收到函件后立即与柯桥公司取得联系，表示愿意先支付 65,625 美元，尾款 122,400 美元需要在 1 年后付清。11 月 21 日，柯桥公司收到货款 65,625 美元。对剩余尾款，柯桥公司希望孟加拉公司能在 6 个月内付清，双方就付款时间无法达成一致。11 月 22 日，绍兴调解中心再次向孟加拉公司制发警告函，督促其支付剩余尾款。

调解结果：对尾款 122,400 美元，在绍兴调解中心的主持下，经过多次沟通，柯桥公司最终同意孟加拉公司在 2023 年 5 月底支付 61,164 美元，在 2023 年 11 月底支付 65,625 美元。11 月 29 日，绍兴调解中心根据双方的和解意愿制作调解协议，就付款金额、付款方式、违约责任、仲裁机构选定、送达地址均进行了明确约定，双方代表人进行签字盖章表示确认。柯桥公司对省商法中心和绍兴调解中心坚持不懈的多次帮助表示诚挚感谢。

案件评析：对出口企业而言，开展国际贸易之前进行风险评估很重要。2022 年以来，绍兴调解中心已受理多起孟加拉国银行不履行信用证项下付款义务的案件，在企业提供的单据符合信用证约定的情况下，孟加拉国银行仍拖延支付或与外商勾结扣除部分款项，给企业带来不小的损失。因此，如涉及的目的国为孟加拉，外贸企业应特别注意支付方式的安全性：（1）如出口金额不超过 50 万美元，可按照合同和电汇汇款方式结算（2022 年 2 月，孟国会会议原则上批准了新的《进口政策条例（2021 – 2024）》，该条例规定，孟零售商人进口不超过 50 万美元的商品，将可以免予开具信用证，按照合同和电汇汇款方式结算）。在通过 TT 方式结算款项时，也要注意回款风险，尽量提高预付款比例。（2）如合同金额超过 50 万美元，根据孟加拉中央银行外汇管理的有关规定，无特殊情况都必须采用银行信用证的结算方式。鉴于孟加拉信用证风险高发，建议外贸企业谨慎选择贸易伙伴和开证银行，并购买相关对外贸易保险。

本案双方企业具有良好的合作基础，在发生纠纷后当事人之间应进行充分沟通，尽力化解矛盾，一旦协商无果应及时申请贸促会等第三方专业机构介入调解。在客户即时支付货款确有困难的情况下，双方可视情况签订中长期付款协议。协议签订时，选定仲裁机构、明确送达地址非常重要，却又极易被外贸企业所忽略。绍兴市中小企业居多，对外贸易合同标的不大，在调解未果的情况下，建议寻求相对来说程序更为便利的国际仲裁解决，若能事先明确送达地址，纠纷处理机构只需将文书投递到该指定地址，即使对方拒收或未实际收到，也可视为送达，这极大地提升了纠纷解决效率。①

上述两个案例均涉及通过信用证方式付款的国际贸易货款纠纷。通常而言，信用证是一种由银行或金融机构根据买方的请求开给卖方的有条件的承诺付款的书面凭证，是国际贸易中常见的支付方式。作为一种银行信用，它具有双重保障机制：卖方收到货款以及买方在收到货物或服务后支付货款。因而，它能够确保交易双方的权益，保障交易安全，促成交易顺利完成。

信用证是合同条款的反映。内容包括但不限于：最晚发运日期、交单期、有效期；起运港口（机场）、目的港口（机场）；货物描述（如规格、数量、单价、总价、价格条款、合同号等）；需要提交给客户的各种单据：汇票（如需）、发票、装箱单、运输单据（海运提单、空运单、海运单、货物收据等）、产地证（如需）、保险单（如需）、检验证（如需）以及其他合同要求的文件。信用证支付的流程如下：（1）进出口双方当事人应在买卖合同中明确规定信用证付款方式。（2）进口人（买方）向其所在地银行或金融机构提出开证申请，并提供相应的保证。（3）银行（开证银行）或金融机构向出口人（卖方）开出信用证。（4）开证银行或金融机构按申请书的内容开具以出口人（卖方）为受益人的信用证，并通过其在出口人（卖方）所在地的代理行或往来行（统称通知行）及相应的金融机构把信用证通知出口人（卖方）。（5）出口人（卖方）在发运货物，取得信用证所要求的装运单据后，按信用证规定向其所在地行（可以是通知行，也可以是其他银行）及相应的金融机构议付货款。（6）议付行及相应的金融机构议付货款

---

① 参见《国际商事调解丨案例精选：柯桥某公司与孟加拉某公司国际贸易货款纠纷案》，载中华人民共和国商务部中国服务贸易指南网 2023 年 2 月 7 日，http://tradeinservices.mofcom.gov.cn/article/zhishi/anlijq/202302/145503.html。

后即在信用证背面注明议付金额。

但在实践中采用信用证付款方式也存在一定风险导致出口人（卖方）不能及时收到货款。主要原因有：第一，信用证开证行不遵守国际结算惯例无理拒付。孟加拉国有银行（如鲁帕利银行 Rupali Bank）就曾因其信用问题多次在信用证满足条件时拒付而被列入投诉名单，孟加拉国帕德玛银行（Padma Bank）甚至因频繁出现信用证违约而被列入“黑名单”。第二，因目的港海关政策而导致出口人（卖方）不能满足信用证项下的付款要求。例如，孟加拉国从 2000 年开始实行的“船前检验制度”（Pre-Shipment Inspection，PSI）对我国出口企业造成诸多不便，因进口商无法及时报关从而影响交易的进行等。出口人（卖方）不能收到货款的其他原因还有：支票账户被关闭不能兑现；进口商避而不见以至联系不上；以质量问题为由拒付合同尾款；信用证修改不当或不及时等。

针对上述问题，建议我国出口人（卖方）首先做好资信调查工作。要选择信用较好或相互了解的客户进行合作。其次，根据自身条件选择合适的付款方式和贸易术语。一旦选择采用信用证的付款方式后应争取部分预付款，降低恶意拖欠货款的风险发生，另外要避免选择信誉较差的商业银行。再次，要做好制单审核工作。重点关注潜在的风险条款，严格根据信用证的要求对不符点要及时改正。最后，充分履行合同义务，在发生纠纷后以务实的态度和合法的方式解决问题以维护自身的权益。

近年来，商事争议主体选择以商事调解方式处理商事纠纷的案例越来越多，该方式相较于诉讼、仲裁程序具有明显的优势：更低的纠纷解决成本、更高的处理效率和更灵活的程序选择等。随着“一带一路”倡议在全球范围内得到越来越多的国家的响应，中国投资者与共建国家之间的经贸往来愈加密切，经贸摩擦也不可避免。商事调解作为一种商事纠纷的解决途径，在国际商事领域也发挥着举足轻重的作用。2018 年 1 月 23 日，最高人民法院依据《关于建立“一带一路”国际商事争端解决机制和机构的意见》建立了诉讼与调解、仲裁有机衔接的“一站式”国际商事纠纷多元化解决机制（以下简称“一站式”机制）。2021 年 7 月 21 日，最高人民法院“一站式”国际商事纠纷多元化解决平台在国际商事法庭网站上线启动试运行，实现了国际商事法庭诉讼机制与调解、仲裁机制的在线对接和信息共享。到 2022 年，“一站式”机制加入了更多机构，规模呈不断扩大趋势。这标志着我国“一站式”国际商事纠纷多元化解决网络已基本建设完成。① 在涉外商事活动已成为常态的背景下，充分发挥我国多元化解决机制，不断完善商事调解制度，将有利于提升我国商事调解国际化水平。

① 参见《中国商事调解年度报告（2022—2023）》，载中国国际贸易促进委员会中国国际商会调解中心网 2024 年 1 月 6 日，https://adr. ccpit. org/articles/396。

附录一　中孟两国与投资贸易相关的条约、协定

中华人民共和国政府和孟加拉人民共和国政府贸易和支付协定*

中华人民共和国政府和孟加拉人民共和国政府，为了发展两国之间的友好关系和贸易关系，经过友好商谈，达成协议如下：

第一条

缔约双方应采取措施发展两国之间的贸易，并对两国间的货物交换相互提供便利。

第二条

两国之间的贸易和货物交换应遵照各自国家当时有效的进出口法令、规定、程序和外汇条例进行。

第三条

两国之间的货物交换应根据本协定附表“甲”和附表“乙”进行。但本协定对上述附表“甲”和附表“乙”内未列入的商品交换并无限制之意。

第四条

缔约双方在有关进出口商品征收关税和其他捐税方面，以及海关管理的规章、手续和收费方面，相互给予最惠国待遇。

但上述规定不适用于：

（一）缔约任何一方为便利边境贸易已给予或将给予毗邻国家的优惠和利益；

（二）缔约任何一方由于成为或将成为关税联盟、自由贸易区的成员而产生的优惠和利益。

---

* 中华人民共和国外交部条约数据库网，http://treaty.mfa.gov.cn/tykfiles/20180718/1531876516901.pdf。

第五条

本协定项下的商品的进口和出口由中国对外贸易机构同孟加拉国的国营贸易公司和其他进出口商签订合同进行。

第六条

缔约双方同意一方根据本协定向另一方交付的货物的价格按照国际市场价格确定。

第七条

缔约双方同意每一协定年度签订一项贸易议定书，确定该年度贸易额和双方交换的主要商品。

第八条

本协定项下的贸易货款以及有关的从属费用，如运费、保险费、银行手续费、商业佣金等，通过两国银行开立的帐户办理支付。为此，中国银行和孟加拉国的一个指定银行相互以对方名义开立帐户。上述帐户以美元为记帐货币。

双方相互提供免予计息的摆动额度七十万美元。上述帐户余额超过摆动额时，其超过部分将根据本条款所述两银行商定的利率计算利息。

但是，中国和孟加拉国的进出口者也可以缔结以可兑换货币支付的供货合同。

第九条

每一协定年度终了时，如帐面差额超过摆动额，应将超过摆动额的金额另记入新户，逆差一方在三个月内通过出口附表中所列的商品予以清偿。三个月后如新帐户仍有余额，则逆差一方应以美元或其他可兑换的货币予以清偿。

本协定期满时，帐上的余额应在三个月内以双方同意的货物偿还，三个月后如仍有余额，则逆差一方应以美元或其他可兑换的货币偿还。

第十条

记帐货币美元将以西德马克、瑞士法郎和法国法郎进行保值。根据伦敦金融市场公布的上述货币对美元的收盘买卖中间汇率，用算术平均方法计算出平均汇率。每季度末检查一次，如本季度末平均汇率上升或下降超过上季平均汇率百分之二时，对帐户余额按变动比例作相应调整。调整后的新平均汇率，应作为与下季度平均汇率比较的基础。

第十一条

为执行本协定和根据本协定签订的贸易议定书，本协定第八条所述两银行应缔结一项银行细则。

第十二条

本协定自签字之日起生效，有效期为二年。如缔约一方未在期满前六个月以书面通知对方终止本协定，本协定将自动延长二年并依此顺延。

本协定于一九七七年一月四日在北京签订，正本两份，每份都用中文和英文写成，两种文本具有同等效力。

中华人民共和国政府和孟加拉人民共和国政府经济技术合作协定*

中华人民共和国政府和孟加拉人民共和国政府，为了发展两国间的经济技术合作和友好关系，签订本协定，条文如下：

第一条

根据孟加拉国政府发展民族经济的需要，中国政府同意在一九七八年七月一日至一九八五年六月三十日的七年内给予孟加拉国政府无息的和不附带任何条件的贷款，金额为一亿元人民币。

第二条

上述贷款中，八千万元人民币将用于中国政府向孟加拉国政府提供成套设备、材料、单项设备和技术援助；二千万元人民币将用于中国政府向孟加拉国政府提供一般商品。商品品种、数量和交付时间，由双方有关部门另行商定。

第三条

中国政府同意在本协定第一条规定的贷款项下，帮助孟加拉国政府实施下列项目：

1. 在达卡县卡利甘吉以南建设一处灌溉面积约二千公顷的水利工程。

2. 在达卡县古拉萨尔建设一座日产合成氨一百八十吨并加工成尿素的氮肥厂。

实施上述项目的具体事宜，由两国政府另行商定。

本协定签订后，如双方商定其他项目，将以换文确认，并作为本协定的组成部分。

第四条

实施双方商定的建设项目所需的全部当地费用，由孟加拉国政府自理。

第五条

上述贷款将由孟加拉国政府自一九九〇年七月一日至二〇〇〇年六月三十日的十年内，分期以两国政府商定的孟加拉国出口货物或可兑换货币偿还，每年偿还上述贷款总额的十分之一。

第六条

根据孟加拉国政府的需要，中国政府将派遣必要数量的工程技术人员前往孟加拉国提供技术援助。中国工程技术人员在孟加拉国期间的工作和生活条件，按照双方一九七

---

* 中华人民共和国外交部条约数据库网，http://treaty.mfa.gov.cn/tykfiles/20180718/1531876525558.pdf。

七年六月九日和六月二十七日换文的规定办理。

第七条

有关实施本协定的账务处理细则，将由中国人民银行和孟加拉国银行另行商定。

第八条

本协定自签字之日起生效，有效期至双方履行完毕本协定一切有关义务之日止。

本协定于一九七八年三月二十一日在达卡签订，共两份，每份都用中文和英文写成，两种文本具有同等效力。

中华人民共和国政府和孟加拉人民共和国政府关于成立经济、贸易和科学技术合作联合委员会的协定*

中华人民共和国政府和孟加拉人民共和国政府，为在平等互利的基础上，进一步加强和发展两国间的友好合作关系，促进两国间的经济、贸易和科学技术合作，特签订本协定，条文如下：

第一条

双方同意成立中国和孟加拉国经济、贸易和科学技术合作联合委员会。

第二条

联合委员会的任务是：

（一）检查双方在经济、贸易和科学技术合作方面的协议的执行情况；

（二）研究双方在经济、贸易和科学技术领域内扩大合作的可能性，并提出旨在加强和促进两国经济、贸易和科学技术合作的建议；

（三）协商双方认为在经济、贸易和科学技术合作领域中需要签订的协议。

第三条

联合委员会会议将在双方认为必要时轮流在北京和达卡举行。参加会议的代表团由各自政府指派的部长级代表率领。

第四条

中华人民共和国对外经济贸易部和孟加拉人民共和国财政计划部国外资源局分别为本协定的执行机构。

第五条

本协定自签字之日起生效，有效期为五年。如在期满六个月前，任何一方未以书面

---

* 中华人民共和国外交部条约数据库网，http://treaty.mfa.gov.cn/tykfiles/20180718/1531876576043.pdf。

通知另一方要求终止本协定，则本协定的有效期将自动延长五年，并依此法顺延。

本协定于一九八三年十一月三日在达卡签订，共两份，每份都用中文和英文写成，两种文本具有同等效力。

中华人民共和国政府和孟加拉人民共和国政府长期贸易协定*

中华人民共和国政府和孟加拉人民共和国政府（以下简称缔约双方），为了进一步发展两国之间的友好关系和贸易关系，经过友好商谈，达成协议如下：

第一条

缔约双方应采取措施发展两国之间的贸易，并对两国间的货物交换相互提供便利。

第二条

两国之间的贸易和货物交换应遵照各自国家当时有效的进出口法令、规定、程序和外汇条例进行。

第三条

缔约双方在有关航运、进出口商品征收关税和其他捐税方面，以及海关管理的规章、手续和收费方面，相互给予最惠国待遇。

但上述规定不适用于：

（一）缔约任何一方为便利边境贸易已给予或将给予毗邻国家的优惠和利益；

（二）缔约任何一方由于成为或将成为关税联盟、自由贸易区的成员而产生的优惠和利益。

第四条

在本协定有效期内，缔约双方各方出口的商品金额大约为二亿至二亿五千万美元。

第五条

两国之间的货物交换应参照本协定附表“甲”（孟加拉国对中国出口的商品）和附表“乙”（中国对孟加拉国出口的商品），并根据双方的需要与可能进行。但本协定对上述附表“甲”和附表“乙”内未列入的商品的交换并无限制之意。

第六条

本协定项下的商品的进口和出口由中国对外贸易机构同孟加拉国的国营贸易公司和其他进出口商签订合同进行。

---

* 中华人民共和国外交部条约数据库网，http://treaty.mfa.gov.cn/tykfiles/20180718/1531876579901.pdf。

第七条

缔约双方同意每一协定年度签订一项贸易议定书，确定该年度贸易额和双方交换的主要商品。

第八条

缔约双方同意，为了就执行本协定进行磋商，每年轮流在北京和达卡举行会晤。

第九条

本协定项下的贸易货款以及有关的从属费用，如运费、保险费、银行手续费、商业佣金等，通过两国银行开立的帐户办理支付。为此，中国银行和孟加拉国黄金银行相互以对方名义开立帐户。上述帐户以美元为记帐货币。

双方相互提供免予计息的摆动额度一百四十万美元。上述帐户余额超过摆动额时，其超过部分将根据本条款所述两银行商定的利率计算利息。

但是，中国和孟加拉国的进出口者也可以缔结以可兑换货币支付的供货合同。

第十条

每一协定年度终了时，如帐面差额超过摆动额，应将超过摆动额的金额另记入新户，逆差一方在三个月内通过出口附表中所列的商品予以清偿。三个月后如新帐户仍有余额，则逆差一方应以美元或其他可兑换的货币予以清偿。

本协定期满时，帐上的余额应在三个月内以双方同意的货物偿还，三个月后如仍有余额，则逆差一方应以美元或其他可兑换的货币偿还。

第十一条

本协定的记帐货币美元以特别提款权进行保值。关于保值的技术细节由两国银行在制订银行细则时确定。

第十二条

为执行本协定和根据本协定签订的贸易议定书，本协定第九条所述两银行应缔结一项银行细则。

第十三条

本协定为期五年，从一九八五年一月一日起生效，有效期至一九八九年十二月三十一日止。

本协定于一九八四年十二月二十一日在达卡签订，正本两份，每份都用中文和英文写成，两种文本具有同等效力。

附表甲（略）

附表乙（略）

中华人民共和国政府和孟加拉人民共和国政府关于互免签证的协议*

中华人民共和国政府和孟加拉人民共和国政府作为缔约双方，为了发展两国的友好关系，方便两国公民往来，根据平等互惠原则，经过友好协商，就互免签证问题达成协议如下：

第一条

中华人民共和国公民持有效的外交、公务、因公普通护照和孟加拉人民共和国公民持有效的外交、官员、加注政府公务或免费的普通护照，通过对方向国际旅客开放的口岸入境、出境或过境，免办签证。

第二条

本协议第一条所规定的双方享受免办签证的公民，在对方境内逗留期间，应遵守该国的法律和规章。

第三条

缔约任何一方有权拒绝不受欢迎或不可接受的缔约另一方公民进入本国领土；有权缩短或终止另一方公民在本国领土上逗留的期限，并无须说明理由。

第四条

由于公共秩序或国家安全的原因，缔约一方可以临时中止执行本协议的部分或全部条款。如采取这一措施，至少须提前七十二小时通过外交途径通知缔约另一方。

第五条

如缔约一方要求终止本协议，应通过外交途径书面通知缔约另一方，并自通知之日起第三十天失效。

第六条

本协议自签字之日起第三十天生效。

本协议于一九八九年十一月十八日在达卡签订，一式两份，每份都用中文和英文写成，两种文本具有同等效力。

中华人民共和国政府和孟加拉人民共和国政府科学技术合作协定*

中华人民共和国政府和孟加拉人民共和国政府（以下简称“缔约双方”）为增进两

---

* 中华人民共和国外交部条约数据库网，http://treaty.mfa.gov.cn/tykfiles/20180718/1531876638001.pdf。

* 中华人民共和国外交部条约数据库网，http://treaty.mfa.gov.cn/tykfiles/20180718/1531876644503.pdf。

国人民的友谊和加强两国间的科学技术合作，签订本协定，条文如下：

第一条

缔约双方本着友好合作精神和平等互利原则，充分认识到科学技术在两国总体发展过程中作为促进社会经济发展的工具的重要性，通过交流科学技术经验和成就，开展两国间的科学技术合作。

第二条

科学技术合作的方法包括：

一、互相派遣科学技术专家进行访问、考察或专业培训；

二、互相聘请专家传授科学技术知识和经验；

三、在双方同意的科学技术合作领域，互相提供有关的科学技术资料和数据以及科学实验用的生物和实物样品等；

四、双方同意的其它合作方式。

第三条

为实现本协定规定的科学技术合作，根据需要，缔约双方将轮流派遣代表或代表团，在两国首都商谈两国间的科学技术合作事宜和签订相应的合作计划议定书。

如有需要，缔约任何一方可通过驻在对方的外交代表机构同对方执行本协定的机构商定并执行计划外的项目。该项目将列入下一个合作计划议定书。

第四条

中华人民共和国政府指定国家科学技术委员会、孟加拉人民共和国政府指定科学技术总局为本协定的执行机构。两国执行机构通过两国外交代表机构保持经常性的工作联系。

第五条

缔约双方同意，有关执行本协定的费用负担如下：

一、派遣专业人员考察或实习的一方，负担专业人员的往返旅费。专业人员在接待一方的食宿费、医药费、交通费由接待一方负担。

二、聘请专业人员传授技术经验的一方，负担专业人员往返旅费（包括休假往返旅费）、食宿费、医药费、交通费、办公费和津贴费。津贴费的具体金额由双方另行商定。

三、双方互相提供的科学技术资料和科学实验用的种子、苗木和样品等，其费用互免，由提供一方提交需要一方国家的大使馆，并由双方代表办理交接证件。

第六条

根据本协定所派遣的专业人员，应遵守对方国家的现行法律和规定。

第七条

缔约双方对根据本协定所派遣的专业人员应提供必要的协助，以便他们完成任务。

第八条

缔约双方同意，根据本协定互相提供的科技情报资料以及双方科学技术合作成果，未经提供方书面同意，不得向第三国转让，合作研究完成的科技成果，按平等互利的原则分享。

第九条

本协定自缔约双方履行各自使协定生效的法律手续并相互书面通知之日起生效，有效期为五年。在本协定期满前六个月，如任何一方未以书面方式提出终止本协定，则本协定将继续有效五年，并依此法顺延。

本协定于一九九〇年六月三十日在北京签订，共两份，每份都用中文、孟加拉文和英文写成，三种文本具有同等效力，如在解释上遇有分歧，应以英文本为准。

中华人民共和国政府和孟加拉人民共和国政府贸易议定书*

中华人民共和国政府和孟加拉人民共和国政府，根据一九八九年十一月十八日两国政府签订的贸易协定第五条的规定，经过友好协商，达成协议如下：

第一条

中华人民共和国政府授权其对外贸易公司从孟加拉人民共和国进口附表“甲”所列的货物和商品。

第二条

孟加拉人民共和国政府授权其国营贸易公司通过正常商业途径从中华人民共和国进口附表“乙”所列的货物和商品。

第三条

本议定书的附表“甲”和附表“乙”为本议定书的组成部分。必要时经双方同意，可对上述附表“甲”和附表“乙”所列的商品和金额进行调整。

第四条

中国对外贸易公司和孟加拉国国营贸易公司以及其他进出口商将就本议定书项下的进出口商品的价格、规格和其他交易条件进行商谈并签订合同。

第五条

本议定书自一九九一年七月一日起生效，有效期一年。在有效期内，根据本议定书签订的合同，在本议定书期满后仍继续有效，直到合同执行完毕为止。

---

* 中华人民共和国外交部条约数据库网，http://treaty.mfa.gov.cn/tykfiles/20180718/1531876656211.pdf。

本议定书于一九九一年六月二十日在北京签订，共两份，每份都用中文和英文写成，两种文本具有同等效力。

中华人民共和国政府和孟加拉人民共和国政府贸易协定*

中华人民共和国政府和孟加拉人民共和国政府（以下简称缔约双方），本着在平等互利的基础上进一步促进两国友好关系和经济贸易关系的愿望，达成协议如下：

第一条

缔约双方应采取措施，发展两国间的贸易，并对两国间的贸易相互提供便利。

第二条

两国之间货物、商品的进口和出口将按照各自国家现行有效的进口、出口、外汇管理的法律、规章并在两国的进出口商或贸易机构所达成的协议基础上进行。

第三条

为了促进和便利贸易发展，缔约双方在有关航运，进出口商品征收关税和其他捐税方面，以及办理海关手续和收费方面，相互给予最惠国待遇。

但上述规定不适用于：

（一）缔约任何一方为便利边境贸易已给予或将给予毗邻国家的优惠和便利；

（二）缔约任何一方由于成为或将成为关税联盟、自由贸易区的成员而产生的优惠和利益。

第四条

（一）两国之间的贸易支付，应根据各自国家现行有效的外汇管理条例，以两国能够接受的可自由兑换的货币办理，除非双方另有协议。

（二）两国有权进行进出口活动的法人、自然人和组织之间，只要双方同意，可以进行对销贸易。

第五条

两国之间的交换货物应参照本协定附表“甲”（中国对孟加拉国出口的商品）和附表“乙”（孟加拉国对中国出口的商品），并根据各自国家有效的法律、规定和双方的需要与可能进行。但本协定对上述附表“甲”和附表“乙”内未列入的商品的交换并无限制之意。

---

* 中华人民共和国外交部条约数据库网，http://treaty.mfa.gov.cn/tykfiles/20180727/1532656749787.pdf。

第六条

缔约双方应采取措施减少可能产生的贸易差额，使双边贸易在大体平衡的基础上得到发展。

第七条

缔约双方鼓励两国有关贸易机构、公司和进出口商人参加在各自国家举办的贸易展览会和交易会，并将为此提供方便。

第八条

缔约双方将根据各自有效的法律和规定，允许进口和出口下述商品，并免收关税、捐税和其他类似性质的税款。

（一）用于样品的商品和/或无商业价值的宣传材料；

（二）为举办交易会和展览会而进口的非出售的商品和产品；

（三）为加工和修理后再出口而临时进口的商品和材料；

（四）用于组装和建立工厂并再出口的工具和器材。

第九条

缔约双方应鼓励对方外贸进出口公司在本国设立贸易代表机构，并为此提供方便。

第十条

为了便于执行本协定，缔约双方将互相协商，必要时轮流在北京和达卡会晤。

第十一条

本协定期满后，协定的各项规定仍可继续适用于在本协定期满前已签订但尚未执行完的贸易合同。

第十二条

自本协定生效之日起，缔约双方于一九八九年十一月十八日在达卡签订的贸易协定即自行终止。但根据此终止的贸易协定项下的议定书所签的合同将在合同条款有效期满前继续有效。

第十三条

本协定自一九九三年一月一日起生效，有效期三年。如缔约任何一方在有效期终止前六个月未以书面形式通知另一方终止本协定，本协定的有效期将自动延长三年，并依此法顺延。

本协定于一九九二年十二月二十一日在北京签订，共两份，每份都用中文和英文写成，两种文本具有同等效力。

中华人民共和国政府和孟加拉人民共和国政府关于鼓励和相互保护投资协定*

中华人民共和国政府和孟加拉人民共和国政府（以下称“缔约双方”），

愿为缔约一方的投资者在缔约另一方领土内的投资创造有利条件，

认识到相互鼓励、促进和保护这种投资将有助于促进投资者的商业积极性和增进缔约双方的繁荣，

愿在平等互利原则的基础上，加强两国的经济合作，

达成协议如下：

第一条

本协定内：

一、“投资”一词系指缔约一方投资者依照缔约另一方的法律法规在缔约另一方领土内所投入的各种财产。特别是，但不限于：

（一）动产、不动产及其他财产权利，如抵押权、质权；

（二）公司的股份、股票和任何其他形式的参股；

（三）金钱请求权或其他具有经济价值的行为请求权；

（四）著作权、工业产权、专有技术、工艺流程；

（五）依照法律授予的特许权，包括勘探或开发自然资源的特许权。

二、“投资者”一词

在中华人民共和国方面，系指：

（一）根据中华人民共和国法律，具有中华人民共和国国籍的自然人；

（二）依照中华人民共和国的法律设立，其住所在中华人民共和国领土内的经济组织。

在孟加拉人民共和国方面，系指：

（一）依据孟加拉人民共和国法律，具有孟加拉人民共和国国籍的自然人；

（二）依照孟加拉人民共和国法律设立，其住所在孟加拉人民共和国领土内的经济组织。

三、“收益”一词系指由投资所产生的款项，如利润、股息、利息、提成费和其他合法收入。

---

* 中华人民共和国外交部条约数据库网，http://treaty.mfa.gov.cn/tykfiles/20180718/1531876747908.pdf。

第二条

一、缔约一方应鼓励缔约另一方的投资者在其领土内投资，并依照其法律法规接受此种投资。

二、缔约一方应为在其领土内从事与投资有关活动的缔约另一方国民获得签证和工作许可提供帮助和便利。

第三条

一、缔约任何一方的投资者在缔约另一方领土内的投资和与投资有关的活动应受到公平和公正的待遇和保护。

二、本条第一款提及的待遇和保护不应低于其给予第三国投资者的投资及与投资有关的活动的待遇和保护。

三、本条第一、二款规定的待遇和保护，不应包括缔约另一方依照关税同盟、自由贸易区、经济联盟、有关避免双重征税协定或有关便利边境贸易协定而给予第三国投资者的投资的任何优惠待遇。

第四条

一、缔约任何一方不应对缔约另一方的投资者在其领土内的投资采取征收、国有化或其他类似措施（以下称“征收”），除非符合下列条件：

（一）为了公共利益；

（二）依照国内法律程序；

（三）所采取的措施是非歧视性的；

（四）给予补偿。

二、本条第一款第（四）项规定的补偿应等于征收公布时被征收投资的价值，以可兑换货币支付并能自由转移。该补偿的支付不应不合理地迟延。

第五条

当缔约一方的投资者在缔约另一方领土内的投资，因在缔约另一方领土内发生战争、全国紧急状态、叛乱、骚乱或其他类似事件而遭受损失，如缔约另一方采取有关措施，则其给予缔约一方投资者的待遇，不应低于其给予第三国投资者的待遇。

第六条

一、缔约一方应根据其法律法规的规定，保证缔约另一方投资者转移在其领土内的投资和收益，包括：

（一）利润、股息、利息及其他合法收入；

（二）投资的全部或部分清算所得款项；

（三）与投资有关的贷款协议的偿还款项；

（四）第一条第一款第（四）项提及的提成费；

（五）技术援助或技术服务所作的支付、管理费；

（六）有关承包工程的支付；

（七）在缔约一方的领土内从事与投资有关活动的缔约另一方国民的收入。

二、上述转移应按照转移之日接受投资缔约一方的通行汇率进行。

第七条

如果缔约一方或其机构对其投资者在缔约另一方领土内的某项投资提供了担保，并据此向投资者做了支付，缔约另一方应承认该投资者的权利或请求权转让给了缔约一方或其机构，并承认缔约一方或其机构对上述权利或请求权的代位。代位的权利或请求权不得超过该投资者原有的权利或请求权。

第八条

一、缔约双方对本协定的解释或适用所产生的争端应尽可能通过外交途径协商解决。

二、如在六个月内通过协商不能解决争端，根据缔约任何一方的要求，可将争端提交专设仲裁庭。

三、仲裁庭由三名仲裁员组成。缔约双方应在缔约一方收到缔约另一方要求仲裁的书面通知之日起的两个月内各委派一名仲裁员。该两名仲裁员应在其后的两个月内共同推举一名与缔约双方均有外交关系的第三国的国民为第三名仲裁员，并由缔约双方任命为仲裁庭首席仲裁员。

四、如果在收到要求仲裁的书面通知后四个月内仲裁庭尚未组成，缔约双方间又无其他约定，缔约任何一方可以提请国际法院院长任命尚未委派的仲裁员。

如果国际法院院长是缔约任何一方的国民，或由于其他原因不能履行此项职责，应请国际法院中非缔约任何一方国民的下一位资深法官做出所需任命。

五、仲裁庭应自行制定其程序。仲裁庭应依照本协定的规定和缔约双方均承认的国际法原则做出裁决。

六、仲裁庭的裁决以多数票做出。裁决是终局的，对缔约双方具有拘束力。应缔约任何一方的请求，专设仲裁庭应说明其做出裁决的理由。

七、缔约双方应负担各自委派的仲裁员和出席仲裁程序的有关费用。首席仲裁员和专设仲裁庭的有关费用由缔约双方平均负担。

第九条

一、缔约一方的投资者与缔约另一方之间就在缔约另一方领土内的投资所产生的任何争议应尽量由争议双方友好协商解决。

二、如争议在六个月内未能协商解决，争议任何一方有权将争议提交接受投资的缔约一方有管辖权的法院。

三、如涉及征收补偿额的争议，在诉诸本条第一款规定的程序后六个月内仍未能解决，可应任何一方的要求，将争议提交专设仲裁庭。如有关的投资者诉诸了本条第二款所规定的程序，本款规定不应适用。

四、该仲裁庭应按下列方式逐案设立：争议双方应各任命一名仲裁员，该两名仲裁员推选一名与缔约双方均有外交关系的第三国的国民为首席仲裁员。前两名仲裁员应在争议一方以书面形式通知另一方提出仲裁后的两个月内任命，首席仲裁员应在四个月内推选。如在上述规定的期限内，仲裁庭尚未组成，争议任何一方可提请解决投资争端国际中心秘书长做出必要的委任。

五、仲裁庭应自行制定其程序。但仲裁庭在制定程序时可以参照解决投资争端国际中心仲裁规则。

六、仲裁庭的裁决应以多数票做出。裁决是终局的，对争议双方具有拘束力。缔约双方应承担根据其各自国内法律执行上述裁决的义务。

七、仲裁庭应根据接受投资缔约一方的法律包括其冲突法规则、本协定的规定以及为缔约双方所接受的普遍承认的国际法原则做出裁决。

八、争议各方应负担其委派的仲裁员和其出席仲裁程序的费用，首席仲裁员的费用和仲裁庭的其余费用应由争议双方平均负担。

第十条

如果缔约一方根据其法律法规给予缔约另一方投资者的投资或与投资有关的活动的待遇较本协定的规定更为优惠，应从优适用。

第十一条

本协定适用于在其生效之前或之后缔约一方投资者依照缔约另一方的法律法规在缔约另一方的领土内进行的投资。

第十二条

一、缔约双方代表为下述之目的应不时进行会谈：

（一）审查本协定的执行情况；

（二）交换法律情报和投资机会；

（三）解决因投资引起的争议；

（四）提出促进投资的建议；

（五）研究与投资有关的其他事宜。

二、若缔约一方提出就本条第一款规定的任何事宜进行磋商，缔约另一方应及时做出反映。磋商可轮流在北京和达卡举行。

第十三条

一、本协定自缔约双方完成各自国内法律程序并以书面形式相互通知之日起下一个月的第一天开始生效，有效期为五年。

二、如缔约一方未在本条第一款规定的有效期期满前一年书面通知缔约另一方终止本协定，本协定将继续有效。

三、本协定第一个五年有效期期满后，缔约任何一方可随时终止本协定，但至少应提前一年书面通知缔约另一方。

四、第一条至第十二条的规定对本协定终止之日前进行的投资应继续适用十年。

由双方政府授权其各自代表签署本协定，以昭信守。

本协定于 1996 年 9 月 12 日在北京签订，一式两份，每份都用英文和中文写成，两种文本同等作准。

中华人民共和国政府和孟加拉人民共和国政府关于对所得避免双重征税和防止偷漏税的协定*

中华人民共和国政府和孟加拉人民共和国政府，愿意缔结关于对所得避免双重征税和防止偷漏税的协定，达成协议如下：

第一条

人的范围

本协定适用于缔约国一方或者同时为双方居民的人。

第二条

税种范围

一、本协定适用于由缔约国一方或其地方当局对所得征收的所有税收，不论其征收方式如何。

二、对全部所得或某项所得征收的税收，包括对来自转让动产或不动产的收益征收的税收以及对资本增值征收的税收，应视为对所得征收的税收。

三、本协定适用的现行税种是：

（一）在中华人民共和国：

1. 个人所得税；

---

* 中华人民共和国外交部条约数据库网，http://treaty.mfa.gov.cn/tykfiles/20180718/1531876747836.pdf。

2. 外商投资企业和外国企业所得税；

3. 地方所得税。

（以下简称“中国税收”）

（二）在孟加拉人民共和国：

所得税。

（以下简称“孟加拉国税收”）

四、本协定也适用于本协定签订之日后征收的属于增加或者代替第三款所列现行税种的相同或者实质相似的税收。缔约国双方主管当局应将各自税法所作出的实质变动，在其变动后的适当时间内通知对方。

第三条

一般定义

一、在本协定中，除上下文另有解释的以外：

（一）“中国”一语是指中华人民共和国；用于地理概念时，是指实施有关中国税收法律的所有中华人民共和国领土，包括领海，以及根据国际法，中华人民共和国拥有勘探和开发海底和底土资源以及海底以上水域资源的主权权利的领海以外的区域；

（二）“孟加拉国”一语是指孟加拉人民共和国所有领土，包括海底及其底土，其范围是根据国际法和孟加拉国法律已经或以后将要确定的孟加拉国可行使勘探和开发自然资源主权权利的区域；

（三）“缔约国一方”和“缔约国另一方”的用语，按照上下文，是指中国或者孟加拉国；

（四）“税收”一语按照上下文，是指中国税收或者孟加拉国税收；

（五）“人”一语包括个人、公司和其他团体；

（六）“公司”一语是指法人团体或者在税收上视同法人团体的实体；

（七）“缔约国一方企业”和“缔约国另一方企业”的用语，分别指缔约国一方居民经营的企业和缔约国另一方居民经营的企业；

（八）“国民”一语是指：

1. 任何具有缔约国一方国籍的个人；

2. 任何按照缔约国一方现行法律取得其地位的法人、合伙企业或团体；

（九）“国际运输”一语是指缔约国一方企业以船舶或飞机经营的运输，不包括仅在缔约国另一方各地之间以船舶或飞机经营的运输；

（十）“主管当局”一语：

1. 在中国，是指国家税务总局或其授权的代表；

2. 在孟加拉国，是指国家收入局或其授权的代表。

二、缔约国一方在实施本协定时，对于未经本协定明确定义的用语，除上下文另有解释的以外，应当具有该缔约国适用于本协定的税种的法律所规定的含义。

第四条

居　民

一、在本协定中，“缔约国一方居民”一语是指按照该缔约国法律，由于住所、居所、总机构所在地、实际管理机构所在地，或者其它类似的标准，在该缔约国负有纳税义务的人。

二、由于第一款的规定，同时为缔约国双方居民的个人，其身份应按以下规则确定：

（一）应认为是其有永久性住所所在缔约国的居民；如果在缔约国双方同时有永久性住所，应认为是与其个人和经济关系更密切（重要利益中心）所在缔约国的居民；

（二）如果其重要利益中心所在国无法确定，或者在缔约国任何一方都没有永久性住所，应认为是其有习惯性居处所在国的居民；

（三）如果其在缔约国双方都有，或者都没有习惯性居处，应认为是其国民所属缔约国的居民；

（四）如果其同时是缔约国双方的国民，或者不是缔约国任何一方的国民，缔约国双方主管当局应通过协商解决。

三、由于第一款的规定，除个人以外，同时为缔约国双方居民的人，应认为是其实际管理机构所在缔约国的居民。然而，如果这个人在缔约国一方设有其实际管理机构，在缔约国另一方设有其总机构，缔约国双方主管当局应协商确定其为本协定中缔约国一方的居民。

第五条

常设机构

一、在本协定中，“常设机构”一语是指企业进行全部或部分营业的固定营业场所。

二、“常设机构”一语特别包括：

（一）管理场所；

（二）分支机构；

（三）办事处；

（四）工厂；

（五）作业场所；

（六）与为他人提供储存设施的人有关的仓库；

（七）矿场、油井或气井、采石场或者其它开采自然资源的场所。

三、“常设机构”一语还包括：

（一）建筑工地，建筑、装配或安装工程，或者与其有关的监督管理活动，但仅以该工地、工程或活动连续六个月以上的为限；

（二）缔约国一方企业通过雇员或者雇用的其他人员，在缔约国另一方为同一个项目或相关联的项目提供的劳务，包括咨询劳务，仅以在任何十二个月中连续或累计超过六个月的为限。

四、虽有第一款至第三款的规定，“常设机构”一语应认为不包括：

（一）专为储存、陈列或者交付本企业货物或者商品的目的而使用的设施；

（二）专为储存、陈列或者交付的目的而保存本企业货物或者商品的库存；

（三）专为另一企业加工的目的而保存本企业货物或者商品的库存；

（四）专为本企业采购货物或者商品，或者搜集情报的目的所设的固定营业场所；

（五）专为本企业进行其它准备性或辅助性活动的目的所设的固定营业场所；

（六）专为本款第（一）项至第（五）项活动的结合所设的固定营业场所，如果由于这种结合使该固定营业场所的全部活动属于准备性质或辅助性质。

五、虽有第一款和第二款的规定，当一个人（除适用第六款规定的独立代理人以外）在缔约国一方代表一个企业进行活动，有权并经常行使这种权力以该企业的名义签订合同，这个人为该企业进行的任何活动，应认为该企业在该缔约国一方设有常设机构。除非这个人通过固定营业场所进行的活动限于第四款的规定，按照该款规定，不应认为该固定营业场所是常设机构。

六、缔约国一方企业仅通过按常规经营本身业务的经纪人、一般佣金代理人或者任何其他独立代理人在缔约国另一方进行营业，不应认为在该缔约国另一方设有常设机构。但如果这个代理人的活动全部或几乎全部代表该企业，不应认为是本款所指的独立代理人。

七、缔约国一方居民公司，控制或被控制于缔约国另一方居民公司或者在该缔约国另一方进行营业的公司（不论是否通过常设机构），此项事实不能据以使任何一方公司构成另一方公司的常设机构。

第六条

不动产所得

一、缔约国一方居民从位于缔约国另一方的不动产取得的所得（包括农业或林业所得），可以在该缔约国另一方征税。

二、“不动产”一语应当具有财产所在地的缔约国的法律所规定的含义。该用语在任何情况下应包括附属于不动产的财产，农业和林业所使用的牲畜和设备，有关地产的一般法律规定所适用的权利，不动产的用益权以及由于开采或有权开采矿藏、水源和其它自然资源取得的不固定或固定收入的权利。船舶和飞机不应视为不动产。

三、第一款的规定应适用于从直接使用、出租或者任何其它形式使用不动产取得的所得。

四、第一款和第三款的规定也适用于企业的不动产所得和用于进行独立个人劳务的不动产所得。

第七条

营业利润

一、缔约国一方企业的利润应仅在该缔约国征税，但该企业通过设在缔约国另一方的常设机构在该缔约国另一方进行营业的除外。如果该企业通过设在该缔约国另一方的常设机构在该缔约国另一方进行营业，其利润可以在该缔约国另一方征税，但应仅以属于该常设机构的利润为限。

二、除适用第三款的规定以外，缔约国一方企业通过设在缔约国另一方的常设机构在该缔约国另一方进行营业，应将该常设机构视同在相同或类似情况下从事相同或类似活动的独立分设企业，并同该常设机构所隶属的企业完全独立处理，该常设机构可能得到的利润在缔约国各方应归属于该常设机构。

三、在确定常设机构的利润时，应当允许扣除其进行营业发生的各项费用，包括行政和一般管理费用，不论其发生于该常设机构所在国或者其它任何地方。

四、如果缔约国一方习惯于以企业总利润按一定比例分配给所属各单位的方法来确定常设机构的利润，则第二款规定并不妨碍该缔约国按这种习惯分配方法确定其应纳税的利润。但是，采用的分配方法所得到的结果，应与本条所规定的原则一致。

五、不应仅由于常设机构为企业采购货物或商品，将利润归属于该常设机构。

六、在第一款至第五款中，除有适当的和充分的理由需要变动外，每年应采用相同的方法确定属于常设机构的利润。

七、利润中如果包括有本协定其它各条单独规定的所得项目时，本条规定不应影响其它各条的规定。

第八条

海运和空运

一、缔约国一方企业以飞机经营国际运输业务所取得的利润，应仅在该缔约国征税。

二、缔约国一方企业以船舶经营国际运输业务从缔约国另一方取得的所得，可以在该缔约国另一方征税。但该缔约国另一方对该项所得征收的税额将减为该项税额的百分之五十。

三、第一款和第二款的规定也适用于参加合伙经营、联合经营或者参加国际经营机构取得的利润。

第九条

联属企业

一、当：

（一）缔约国一方企业直接或间接参与缔约国另一方企业的管理、控制或资本，或者

（二）同一人直接或者间接参与缔约国一方企业和缔约国另一方企业的管理、控制或资本，

在上述任何一种情况下，两个企业之间的商业或财务关系不同于独立企业之间的关系，因此，本应由其中一个企业取得，但由于这些情况而没有取得的利润，可以计入该企业的利润，并据以征税。

二、缔约国一方将缔约国另一方已征税的企业利润，而这部分利润本应由该缔约国一方企业取得的，包括在该缔约国一方企业的利润内，并且加以征税时，如果这两个企业之间的关系是独立企业之间的关系，该缔约国另一方应对这部分利润所征收的税额加以调整，在确定上述调整时，应对本协定其它规定予以注意，如有必要，缔约国双方主管当局应相互协商。

第十条

股 息

一、缔约国一方居民公司支付给缔约国另一方居民的股息，可以在该缔约国另一方征税。

二、然而，这些股息也可以在支付股息的公司是其居民的缔约国，按照该缔约国法律征税。但是，如果收款人是股息受益所有人，则所征税款不应超过股息总额的百分之十。

本款规定，不应影响对该公司支付股息前的利润所征收的公司利润税。

三、本条“股息”一语是指从股份、矿业股份、发起人股份或者非债权关系分享利润的权利取得的所得，以及按照分配利润的公司是其居民的缔约国法律，视同股份所得同样征税的其它公司权利取得的所得。

四、如果股息受益所有人是缔约国一方居民，在支付股息的公司是其居民的缔约国另一方，通过设在该缔约国另一方的常设机构进行营业或者通过设在该缔约国另一方的

固定基地从事独立个人劳务，据以支付股息的股份与该常设机构或固定基地有实际联系的，不适用第一款和第二款的规定。在这种情况下，应视具体情况适用第七条或第十四条的规定。

五、缔约国一方居民公司从缔约国另一方取得利润或所得，该缔约国另一方不得对该公司支付的股息征收任何税收。但支付给该缔约国另一方居民的股息或者据以支付股息的股份与设在缔约国另一方的常设机构或固定基地有实际联系的除外。对于该公司的未分配的利润，即使支付的股息或未分配的利润全部或部分是发生于该缔约国另一方的利润或所得，该缔约国另一方也不得征收任何税收。

第十一条

利　息

一、发生于缔约国一方而支付给缔约国另一方居民的利息，可以在该缔约国另一方征税。

二、然而，这些利息也可以在该利息发生的缔约国，按照该缔约国的法律征税。但是，如果收款人是利息受益所有人，则所征税款不应超过利息总额的百分之十。

三、虽有第二款的规定，发生于缔约国一方而为缔约国另一方政府、地方当局及其中央银行或者完全为其政府所有的金融机构取得的利息；或者为该缔约国另一方居民取得的利息，其债权是由该缔约国另一方政府、地方当局及其中央银行或者完全为其政府所有的金融机构间接提供资金的，应在该缔约国一方免税。

四、本条“利息”一语是指从各种债权取得的所得，不论其有无抵押担保或者是否有权分享债务人的利润；特别是从公债、债券或者信用债券取得的所得，包括其溢价和奖金。由于延期支付的罚款，不应视为本条所规定的利息。

五、如果利息受益所有人是缔约国一方居民，在利息发生的缔约国另一方，通过设在该缔约国另一方的常设机构进行营业或者通过设在该缔约国另一方的固定基地从事独立个人劳务，据以支付该利息的债权与该常设机构或者固定基地有实际联系的，不适用第一款、第二款和第三款的规定。在这种情况下，应视具体情况适用第七条或第十四条的规定。

六、如果支付利息的人为缔约国一方政府、其地方当局或该缔约国居民，应认为该利息发生在该缔约国。然而，当支付利息的人不论是否为缔约国一方居民，在缔约国一方设有常设机构或者固定基地，支付该利息的债务与该常设机构或者固定基地有联系，并由其负担该利息，上述利息应认为发生于该常设机构或固定基地所在缔约国。

七、由于支付利息的人与受益所有人之间或者他们与其他人之间的特殊关系，就有关债权所支付的利息数额超出支付人与受益所有人没有上述关系所能同意的数额时，本条规定应仅适用于后来提及的数额。在这种情况下，对该支付款项的超出部分，仍应按各缔约国的法律征税，但应对本协定其它规定予以适当注意。

第十二条

特许权使用费

一、发生于缔约国一方而支付给缔约国另一方居民的特许权使用费，可以在该缔约国另一方征税。

二、然而，这些特许权使用费也可以在其发生的缔约国，按照该缔约国的法律征税。但是，如果收款人是特许权使用费受益所有人，则所征税款不应超过特许权使用费总额的百分之十。

三、本条“特许权使用费”一语是指使用或有权使用文学、艺术或科学著作，包括电影影片、无线电或电视广播使用的胶片、磁带的版权，专利、专有技术、商标、设计或模型、图纸、秘密配方或秘密程序所支付的作为报酬的各种款项，或者使用或有权使用工业、商业、科学设备或有关工业、商业、科学经验的情报所支付的作为报酬的各种款项。

四、如果特许权使用费受益所有人是缔约国一方居民，在特许权使用费发生的缔约国另一方，通过设在该缔约国另一方的常设机构进行营业或者通过设在该缔约国另一方的固定基地从事独立个人劳务，据以支付该特许权使用费的权利或财产与该常设机构或固定基地有实际联系的，不适用第一款和第二款的规定。在这种情况下，应视具体情况适用第七条或第十四条的规定。

五、如果支付特许权使用费的人是缔约国一方政府、其地方当局或该缔约国居民，应认为该特许权使用费发生在该缔约国。然而，当支付特许权使用费的人不论是否为缔约国一方居民，在缔约国一方设有常设机构或者固定基地，支付该特许权使用费的义务与该常设机构或者固定基地有联系，并由其负担这种特许权使用费，上述特许权使用费应认为发生于该常设机构或者固定基地所在缔约国。

六、由于支付特许权使用费的人与受益所有人之间或他们与其他人之间的特殊关系，就有关使用、权利或情报支付的特许权使用费数额超出支付人与受益所有人没有上述关系所能同意的数额时，本条规定应仅适用于后来提及的数额。在这种情况下，对该支付款项的超出部分，仍应按各缔约国的法律征税，但应对本协定其它规定予以适当注意。

第十三条

财产收益

一、缔约国一方居民转让第六条所述位于缔约国另一方的不动产取得的收益，可以在该缔约国另一方征税。

二、转让缔约国一方企业在缔约国另一方的常设机构营业财产部分的动产，或者缔约国一方居民在缔约国另一方从事独立个人劳务的固定基地的动产取得的收益，包括转让常设机构（单独或者随同整个企业）或者固定基地取得的收益，可以在该缔约国另一方征税。

三、转让从事国际运输的船舶或飞机，或者转让属于经营上述船舶、飞机的动产取得的收益，应仅在该企业为其居民的缔约国一方征税。

四、转让第一款至第三款所述财产以外的其它财产取得的收益，应仅在转让者为其居民的缔约国征税。

第十四条

独立个人劳务

一、缔约国一方居民由于专业性劳务或者其它独立性活动取得的所得，应仅在该缔约国征税。但具有以下情况之一的，可以在缔约国另一方征税：

（一）在缔约国另一方为从事上述活动设有经常使用的固定基地。在这种情况下，该缔约国另一方可以仅对属于该固定基地的所得征税；

（二）在有关会计年度中在缔约国另一方停留连续或累计达到或超过一百八十三天。在这种情况下，该缔约国另一方可以仅对在该缔约国进行活动取得的所得征税。

二、“专业性劳务”一语特别包括独立的科学、文学、艺术、教育或教学活动，以及医师、律师、工程师、建筑师、牙医师和会计师的独立活动。

第十五条

非独立个人劳务

一、除适用第十六条、第十八条、第十九条、第二十条和第二十一条的规定以外，缔约国一方居民因受雇取得的薪金、工资和其它类似报酬，除在缔约国另一方从事受雇的活动以外，应仅在该缔约国一方征税。在该缔约国另一方从事受雇的活动取得的报酬，可以在该缔约国另一方征税。

二、虽有第一款的规定，缔约国一方居民因在缔约国另一方从事受雇的活动取得的报酬，同时具有以下三个条件的，应仅在该缔约国一方征税：

（一）收款人在有关会计年度中在该缔约国另一方停留连续或累计不超过一百八十三天；

（二）该项报酬由并非该缔约国另一方居民的雇主支付或代表该雇主支付；

（三）该项报酬不是由雇主设在该缔约国另一方的常设机构或固定基地所负担。

三、虽有本条以上规定，在缔约国一方企业经营国际运输的船舶或飞机上受雇而取得的报酬，可以在该企业为其居民的缔约国征税。

第十六条

董事费

缔约国一方居民作为缔约国另一方居民公司的董事会成员取得的董事费和其它类似款项，可以在该缔约国另一方征税。

第十七条

艺术家和运动员

一、虽有第十四条和第十五条的规定，缔约国一方居民，作为表演家，如戏剧、电影、广播或电视艺术家、音乐家或作为运动员，在缔约国另一方从事其个人活动取得的所得，可以在该缔约国另一方征税。

二、虽有第七条、第十四条和第十五条的规定，表演家或运动员从事其个人活动取得的所得，并非归属表演家或运动员本人，而是归属于其他人，可以在该表演家或运动员从事其活动的缔约国征税。

三、虽有第一款和第二款的规定，作为缔约国一方居民的表演家或运动员在缔约国另一方按照缔约国双方政府的文化交流计划进行活动取得的所得，在该缔约国另一方应予免税。

第十八条

退休金

一、除适用第十九条第二款的规定以外，因以前的雇佣关系支付给缔约国一方居民的退休金和其它类似报酬，应仅在该缔约国一方征税。

二、虽有第一款的规定，缔约国一方政府或地方当局按社会保险制度的公共福利计划支付的退休金和其它类似款项，应仅在该缔约国一方征税。

第十九条

政府服务

一、（一）缔约国一方或其地方当局对向其提供服务的个人支付退休金以外的报酬，应仅在该缔约国一方征税。

（二）但是，如果该项服务是在缔约国另一方提供，而且提供服务的个人是该缔约国另一方居民，并且该居民：

1. 是该缔约国另一方国民；或者

2. 不是仅由于提供该项服务，而成为该缔约国另一方的居民，

该项报酬，应仅在该缔约国另一方征税。

二、（一）缔约国一方或其地方当局支付或者从其建立的基金中支付给向其提供服

务的个人的退休金，应仅在该缔约国一方征税。

（二）但是，如果提供服务的个人是缔约国另一方居民，并且是其国民的，该项退休金应仅在该缔约国另一方征税。

三、第十五条、第十六条、第十七条和第十八条的规定，应适用于向缔约国一方或其地方当局举办的事业提供服务取得的报酬和退休金。

第二十条

教师和研究人员

任何个人是、或者在紧接前往缔约国另一方之前曾是缔约国一方居民，应该缔约国另一方承认的大学、学院、学校或其它类似的教育机构或科研机构的邀请，仅为在该教育机构或科研机构从事教学或研究或两者兼顾的目的前往该缔约国另一方，自其第一次到达之日起，停留时间不超过三年的，该缔约国另一方应对其由于该项教学或研究取得的报酬免税。

第二十一条

学生和实习人员

学生、企业学徒或实习生是、或者在紧接前往缔约国一方之前曾是缔约国另一方居民，仅由于接受教育或培训的目的，停留在该缔约国一方，其为了维持生活、接受教育或培训的目的停留在该缔约国一方，对其收到或取得的下列款项或所得，该缔约国一方应免予征税：

（一）为了维持生活、接受教育、学习、研究或培训的目的，从该缔约国一方境外取得的款项；

（二）政府或科学、教育、文化机构或其他免税组织给予的助学金、奖学金或奖金；

（三）在该缔约国一方从事个人劳务的所得。

第二十二条

其他所得

一、缔约国一方居民取得的各项所得，不论在什么地方发生的，凡本协定上述各条未作规定的，应仅在该缔约国一方征税。

二、第六条第二款规定的不动产所得以外的其他所得，如果所得收款人为缔约国一方居民，通过设在缔约国另一方的常设机构在该缔约国另一方进行营业，或者通过设在该缔约国另一方的固定基地在该缔约国另一方从事独立个人劳务，据以支付所得的权利或财产与该常设机构或固定基地有实际联系的，不适用第一款的规定。在这种情况下，应视具体情况分别适用第七条或第十四条的规定。

第二十三条

消除双重征税方法

一、在中国，消除双重征税如下：

（一）中国居民从孟加拉国取得的所得，按照本协定规定在孟加拉国缴纳的税额，可以在对该居民征收的中国税收中抵免。但是，抵免额不应超过对该项所得按照中国税法和规章计算的中国税收数额。

（二）从孟加拉国取得的所得是孟加拉国居民公司支付给中国居民公司的股息，同时该中国居民公司拥有支付股息公司股份不少于百分之十的，该项抵免应考虑支付该股息公司就该项所得缴纳的孟加拉国税收。

二、在孟加拉国，消除双重征税如下：

（一）除适用第（三）项的规定以外，当孟加拉国居民取得的所得，按照本协定规定在中国可以纳税时，孟加拉国应允许从该居民应纳的所得税中扣除，数额等于其在中国缴纳的所得税。

（二）然而，这种扣除不应超过扣除前可以在中国征税的那部分所得所计算的所得税数额。

（三）当孟加拉国居民取得的所得，按照本协定规定应仅在中国征税时，孟加拉国可以将该项所得包括在计税基础中，但应允许扣除属于来源于中国的所得而缴纳的那部分所得税。

第二十四条

无差别待遇

一、缔约国一方国民在缔约国另一方负担的税收或者有关条件，不应与该缔约国另一方国民在相同情况下，负担或可能负担的税收或者有关条件不同或比其更重。虽有第一条的规定，本款规定也应适用于不是缔约国一方或者双方居民的人。

二、缔约国一方企业在缔约国另一方常设机构的税收负担，不应高于该缔约国另一方对其本国进行同样活动的企业。本规定不应理解为缔约国一方由于民事地位、家庭负担给予该缔约国居民的任何扣除、优惠和减免也必须给予该缔约国另一方居民。

三、除适用第九条第一款、第十一条第七款或第十二条第六款规定外，缔约国一方企业支付给缔约国另一方居民的利息、特许权使用费和其他款项，在确定该企业应纳税利润时，应与在同样情况下支付给该缔约国一方居民同样予以扣除。

四、缔约国一方企业的资本全部或部分，直接或间接为缔约国另一方一个或一个以上的居民拥有或控制，该企业在该缔约国一方负担的税收或者有关条件，不应与该缔约国一方其它同类企业的负担或可能负担的税收或者有关条件不同或比其更重。

五、虽有第二条的规定，本条规定应适用于各种税收。

第二十五条

协商程序

一、当一个人认为，缔约国一方或者双方所采取的措施，导致或将导致对其不符合本协定规定的征税时，可以不考虑各缔约国国内法律的补救办法，将案情提交本人为其居民的缔约国主管当局；或者如果其案情属于第二十四条第一款，可以提交本人为其国民的缔约国主管当局。该项案情必须在不符合本协定规定的征税措施第一次通知之日起，三年内提出。

二、上述主管当局如果认为所提意见合理，又不能单方面圆满解决时，应设法同缔约国另一方主管当局相互协商解决，以避免不符合本协定规定的征税。达成的协议应予执行，而不受各缔约国国内法律的时间限制。

三、缔约国双方主管当局应通过协议设法解决在解释或实施本协定时所发生的困难或疑义，也可以对本协定未作规定的消除双重征税问题进行协商。

四、缔约国双方主管当局为达成第二款和第三款的协议，可以相互直接联系。为有助于达成协议，双方主管当局的代表可以进行会谈，口头交换意见。

第二十六条

情报交换

一、缔约国双方主管当局应交换为实施本协定的规定所需要的情报，或缔约国双方关于本协定所涉及的税种的国内法律的规定所需要的情报（以根据这些法律征税与本协定不相抵触为限），特别是防止偷漏税的情报。情报交换不受第一条的限制。缔约国一方收到的情报应作密件处理，仅应告知与本协定所含税种有关的查定、征收、执行、起诉或裁决上诉有关的人员或当局（包括法院和行政管理部门）。上述人员或当局应仅为上述目的使用该情报，但可以在公开法庭的诉讼程序或法庭判决中公开有关情报。

二、第一款的规定在任何情况下，不应被理解为缔约国一方有以下义务：

（一）采取与该缔约国或缔约国另一方法律和行政惯例相违背的行政措施；

（二）提供按照该缔约国或缔约国另一方法律或正常行政渠道不能得到的情报；

（三）提供泄露任何贸易、经营、工业、商业、专业秘密、贸易过程的情报或者泄露会违反公共政策（公共秩序）的情报。

第二十七条

外交代表和领事官员

本协定应不影响按国际法一般规则或特别协定规定的外交代表或领事官员的税收特权。

第二十八条

生　效

缔约国各方应在履行本协定生效所必需的法律程序后通知对方。本协定自最后一方的通知发出之日后第三十天生效。本协定应有效于：

一、在中国，对在本协定生效后的次年一月一日或以后开始的任何纳税年度中的税收；

二、在孟加拉国，对在本协定生效后的次年七月一日或以后开始的征税年度中的税收。

第二十九条

终　止

本协定应长期有效。但缔约国任何一方可以在本协定生效之日起满五年后任何历年六月三十日或以前，通过外交途径书面通知对方终止本协定。

在这种情况下，本协定应停止有效于：

一、在中国，对终止通知发出后的次年一月一日或以后开始的纳税年度中的税收；

二、在孟加拉国，对终止通知发出后的次年七月一日或以后开始的征税年度中的税收。

下列代表，经各自政府正式授权，已在本协定上签字为证。

本协定于一九九六年九月十二日在北京签订，一式两份，每份都用中文、孟加拉文和英文写成，三种文本同等作准。如在解释上遇有分歧，应以英文本为准。

中华人民共和国与孟加拉人民共和国关于深化更加紧密的全面合作伙伴关系的联合声明*

一、应中华人民共和国国务院总理李克强邀请，孟加拉人民共和国政府总理谢赫·哈西娜于2014年6月6日至11日对中国进行正式访问。访问期间，国家主席习近平会见了哈西娜总理，李克强总理同哈西娜总理举行了会谈，全国政协主席俞正声会见了哈西娜总理。双方就中孟关系及共同关心的国际和地区问题等议题进行了深入讨论。哈西娜总理还出席了在昆明举行的第二届中国—南亚博览会开幕式。

二、双方忆及中孟悠久传统友谊，重申愿在和平、稳定、主权、领土完整、相互信任、相互尊重、共同利益及公平互惠原则的基础上相互支持。孟方重申将坚持一个中国原则。中方对此表示赞赏，支持孟加拉国为促进孟加拉国及本地区和平、稳定和发展所

* 中华人民共和国外交部网，载https://www.mfa.gov.cn/web/zyxw/201406/t20140610_328091.shtml。

作的努力。

三、双方均视对方国家的发展为进一步扩大中孟更加紧密的合作伙伴关系的机遇，愿将双边关系提升到新的高度。鉴此，双方同意进一步探讨合作的渠道和机会。

四、双方同意保持两国高层交往和接触势头，以及加强两国政府部门、议会、政党、军队、民间团体和地方政府之间的对话。双方对现有副外长级外交磋商表示满意，同意于2014年下半年在孟举行下一轮磋商。

五、双方认为，经贸合作是中孟更加紧密的全面合作伙伴关系的重要组成部分。双方同意，在平等互利的基础上，进一步加强两国贸易、投资、金融、农业、科技创新、卫生、教育、交通、基础设施建设等领域合作。双方对中孟经贸联委会第13次会议于2014年6月4日在昆明成功举行表示满意，同意进一步采取具体措施扩大双边贸易，加强经济合作，增加投资，以减少日益扩大的双边贸易不平衡。

六、中方鼓励和支持中国企业赴孟开展互利投资，建议中国主要企业积极参与孟加拉国通讯、能源、交通、基础设施建设和产业发展。孟方感谢中方长期以来为孟经济社会发展提供支持，欢迎中方上述建议，愿与中方研究两国开展上述合作的具体方式。

七、双方还同意，中国金融机构在依法合规的原则下与孟加拉国有关机构开展项目合作。在此背景下，孟方建议就孟政府基础网络三期（将政府基础网络从县级政府延伸至乡级政府）、拉吉沙希地表水处理厂、卡纳普里河铁路和公路两用桥二桥、吉大港—拉姆—考克斯巴扎双线单轨铁路和拉姆—冈敦姆铁路（靠近孟加拉国—缅甸边境）、东方精炼厂二期等项目开展合作，以帮助孟加快发展。

八、孟方强调，孟方需要发展国内供应链及其相关服务、产业，以及全面发展制造业和服务业，欢迎签署在孟建设中国经济和产业区的谅解备忘录，并保证为推进该项目提供必要支持。中方对此表示赞赏，支持中国企业在孟建设有关园区。

九、双方同意继续加强在区域合作中的沟通与协调。中方赞赏孟方在包括南亚区域合作联盟框架内为深化南亚地区和平、稳定与发展发挥的建设性作用及提出的相关倡议。中方欢迎孟方继续积极参与中国—南亚博览会，孟方赞赏中方继续与南盟发展关系。

十、双方认为，孟中印缅经济走廊与本地区其他互联互通倡议形成重要互补，为中孟深化互利合作和实现可持续发展提供了重要平台。双方认为，应通过孟中印缅经济走廊释放本地区全面发展的潜力，实现地区和平、稳定和公平及可持续发展。中方欢迎孟方主办孟中印缅经济走廊联合工作组第二次会议。双方同意，就推进孟中印缅经济走廊建设同其他国家保持积极接触，希望四国实现互利、注重实效的合作。

十一、双方认为，加强人文交流对于深化相互了解和友谊具有重要意义，同意加强人文交流，深化文化联系。两国将积极扩大在文化、科技、媒体、卫生等领域交流与合作，促进两国媒体机构、智库、学术界、研究机构、学者、友好组织、妇女组织、文化团体、运动员及相关组织、青年之间的互动。为促进两国人民的互动，双方同意基于平等互惠原则，为两国工商业人士、学者、学生、艺术家、游客互访简化签证申请程序。

十二、孟方希望中方继续向孟加拉国提供中国政府奖学金名额，为孟培养国家建设亟需的相关专业领域人才，并考虑适时增加名额。中方对此表示同意，并愿为孟加拉国学生通过其他渠道和项目来华深造提供便利。双方同意加强在中国语言、文化教学及人力资源培训等领域的交流与合作，包括帮助孟建设职业和技能教育机构，具体形式将由双方商定。孟方希望中方为孟公务员和外交官赴中国相关机构学习提供长期培训。中方对此表示同意。

十三、双方对中孟两国在防务领域的合作水平表示满意，同意进一步加强有关合作。

十四、双方同意，根据国际法，就保护、促进和开发海洋自然资源和海洋事业，特别是在海洋观测与调查、应对极端气候、观测海洋水质酸化等方面开展务实合作。双方还同意就发展海洋经济加强合作，包括渔业可持续发展、开发利用海洋资源、可再生能源、发展航运业及环保旅游等，为两国人民创造更多可持续就业机会。双方认为，发展蓝色经济及帮助孟加强相关能力建设具有重要意义。

十五、双方同意进一步密切在国际事务中的合作，加强在联合国等多边场合的协调与配合。双方一致认为，两国在应对气候变化、2015 年后发展议程、能源、自然灾害和粮食安全以及其他涉及发展中国家诉求和挑战的全球性议题上立场相近，同意继续就此保持密切协调与配合。

十六、双方认为，孟加拉国加强应对气候变化和减灾能力具有重要意义。孟方赞赏中方在此方面给予孟方的有力支持，并强调希望中方在农业等领域帮助孟开发及向孟转让相关技术。中方同意加大对孟支持，帮助孟应对气候变化，并进一步就应对自然灾害加强合作。双方同意就城市灾害救援、减灾和灾后安置制定合作框架，特别是中方愿同孟方分享能力建设、经验及先进技术。

十七、双方认为，在全球化大背景下，安全的跨国性、综合性和联动性日益突出。双方认为，各国可通过共同、综合、合作、可持续的努力，解决共同安全关切并从中受益。孟方赞赏中方成功举办亚洲相互协作与信任措施会议（简称“亚信”）第四次峰会并接任亚信主席国。中方欢迎孟方成为亚信新成员。

十八、此访期间，李克强总理和哈西娜总理见证签署了《中孟两国政府关于中国政府向孟加拉国政府提供无偿援助的经济技术合作协定》、《中孟两国政府关于援孟紧急救灾设备二期项目的换文》、《中孟两国政府关于援孟防洪规划项目的可行性考察换文》、《中国商务部和孟加拉国孟加拉经济区管理局关于在孟加拉国开展设立中国经济和产业区的谅解备忘录》、《中国商务部和孟加拉国交通部关于推动卡纳普里河河底隧道项目建设的谅解备忘录》、《中国机械进出口（集团）有限公司与孟西北电力公司就帕图阿卡利132万千瓦超临界燃煤电站项目合作成立合资公司的框架协议》等文件。

十九、双方同意在2015年全年共同举办形式多样的活动，以纪念中孟建交40周年。

二十、哈西娜总理对访华期间受到的热情友好接待深表感谢，邀请李克强总理在双方方便的时候访问孟加拉国。李克强总理对此表示感谢，并愉快地接受了邀请。

中华人民共和国和孟加拉人民共和国联合声明*

一、应中华人民共和国国务院总理李克强邀请，孟加拉人民共和国总理谢赫·哈西娜于2019年7月1日至6日对中国进行正式访问并出席第十三届夏季达沃斯论坛。

二、访问期间，中华人民共和国主席习近平会见哈西娜总理，李克强总理与哈西娜总理举行会谈，全国人大常委会委员长栗战书会见哈西娜总理。双方就中孟关系及共同关心的国际地区问题深入交换意见，达成广泛共识。

三、孟方祝贺中华人民共和国成立70周年，衷心祝愿中国人民在习近平新时代中国特色社会主义思想指引下，继续朝着实现“两个一百年”奋斗目标迈进，把中国建设成富强民主文明和谐美丽的社会主义现代化强国。

四、中方赞赏近年来孟加拉国经济社会快速发展，相信在哈西娜总理领导下，孟加拉国将顺利完成2021年前成为中等收入国家的目标，并为2041年前成为发达国家和早日实现“金色孟加拉”梦想奠定坚实基础。

五、双方对2016年两国建立战略合作伙伴关系以来，双边关系呈现的强劲发展势头表示满意。双方同意将采取必要措施加快落实两国领导人会晤期间达成共识的双边合作项目。双方重申将继续坚持中孟关系发展的重要原则，包括在和平共处五项原则基础上发展双边关系，尊重和支持彼此根据本国国情选择的发展道路，尊重和支持彼此的核心利益和重大关切。中方赞赏孟方坚定支持一个中国原则。孟方感谢中方对孟加拉国加强基础设施发展的持续支持。

六、双方同意，加强两国高层交往，积极利用国际多边场合举行两国领导人会晤，

---

* 中华人民共和国中央人民政府网，https://www.gov.cn/guowuyuan/2019-07/08/content_5407057.htm。

扩大两国政府、立法机关、政党以及两国人民之间各级别交流与合作。双方对定期举行的中孟外交磋商及其他会晤机制在落实两国领导人共识并就双边关系以及国际和地区事务充分交换意见方面取得的成果感到满意。

七、双方认为“一带一路”倡议为所有参与方提供了一种国际合作模式，也为地区互联互通和经济一体化带来新的机遇。双方同意充分挖掘各领域合作潜力，共同推进“一带一路”建设，实现两国可持续发展和共同繁荣。

八、双方同意深化经贸、投资、产能等领域合作，扩大互利双赢。中方重视改善两国贸易不平衡问题，支持孟方扩大孟黄麻制品、水产品、皮革、药物等产品对华出口。双方赞赏吉大港中国经济产业园区的建设进度，鼓励中国企业对孟经济园区进行投资。双方将继续进行中孟自贸协定联合可行性研究。

双方对中孟友谊八桥、中孟友谊展览中心、帕德玛大桥铁路连接线、卡纳普里河河底隧道、吉大港地区原油单点系泊及双线管道等重大项目进展表示满意。中方鼓励中国企业赴孟投资，同孟加强在电力、铁路、公路、港口、通讯、钢铁等领域合作，孟方将为协助中国企业赴孟投资提供良好政策环境，并保障中方在孟项目和人员安全。

九、双方同意加强农业、海洋、科技、气候变化以及建设气候应对中心等方面的合作。中方愿帮助孟方示范推广优质高产农作物。双方同意继续定期举行中孟海上合作对话，探讨开展蓝色经济、海事管理、海洋空间规划、联合海洋观测等合作的途径和方法。双方同意加强科技创新合作，共同推动实施“一带一路”科技创新行动计划，开展科技人文交流、共建联合实验室和技术转移等重点合作。双方同意进一步加强在应对气候变化方面的交流合作。中方愿帮助孟方提高应对气候变化能力。

十、双方认为，防务合作是中孟友谊的重要组成部分，同意保持和加强两军各层级交流，深化在军工军贸、人员培训、装备技术、舰艇互访、联合国维和等领域合作。

十一、双方谴责并反对一切形式的恐怖主义。中方支持孟方就打击恐怖主义和维护国家安全稳定作出的努力，愿在反恐情报共享、能力建设、人员培训等方面同孟方开展合作。两国执法部门将进一步加强在打击跨国犯罪、禁毒、人员和项目保护等领域的合作。

十二、双方同意继续为孟人员提供人力资源和技能开发方面的培训机会。孟方感谢中方为孟学生和官员赴华提供教育、培训和奖学金，中方将继续为孟培训公共管理、科技、农业、卫生、艺术等领域专业人才，帮助孟方开展职业教育，继续为孟学生来华留学提供中国政府奖学金，资助孟杰出青年科学家来华工作。

十三、双方同意加强人文交流，促进两国媒体、智库、青年、妇女组织、非政府组织和地方之间的互动。双方同意，根据平等互利原则，不断提升双方人员往来便利化水平。两国民航主管部门将保持沟通，扩大两国间航权安排，便利两国人员往来。

十四、双方重视孟中印缅经济走廊对于促进四国务实合作及地区整体发展的重要作用，愿意就推进孟中印缅经济走廊加强沟通与协调，协调各方尽早完成联合研究报告，推进走廊建设取得实效。

十五、双方强调，遵循《联合国宪章》的宗旨和原则，致力于推动国际关系民主化。双方主张维护联合国在国际事务中的地位和关键作用，支持对联合国及其安理会进行必要的改革，增加发展中国家在安理会的代表性，主张会员国应通过民主协商，在达成广泛共识的基础上，制定全面改革议程并达成最广泛一致。

十六、双方愿加强在联合国及其他国际组织中合作，在发展、能源和粮食安全及其他涉及发展中国家诉求和挑战的全球性问题上加强协调配合，共同致力于推进全球与地区的和平、安全、发展与繁荣。双方同意在贸易、经济、金融等国际组织中加强协调，支持建立更加公平合理的国际经济秩序和巩固南南合作的努力。

十七、双方反对任何形式的保护主义，愿共同维护以世界贸易组织为核心、以规则为基础的多边贸易体制，推动经济全球化朝着开放、包容、普惠、平衡、共赢方向发展。

十八、双方认为，南亚的发展充满活力和潜力。双方重申，致力于实现一个和平稳定、开放包容、发展繁荣的南亚。双方同意加强在地区合作机制中的协调与合作。

十九、双方认为妥善解决若开邦问题，有助于维护本地区和平稳定。双方认为，解决该问题的关键在于使自缅甸若开邦进入孟加拉国的避乱民众早日安全、有尊严地返回缅甸。中方支持孟缅双方通过协商早日实现避乱民众返缅。中方愿继续举行中缅孟三方会晤、提供对话平台以推动早日实现避乱民众遣返。中方愿协助为自缅入孟避乱民众返缅创造安全和有利条件。

二十、访问期间，双方签署了电力、经济技术、投资、水文、文化等领域合作文件。

二十一、双方对哈西娜总理访华取得的成果表示满意，一致认为此访对推动中孟战略合作伙伴关系深入发展具有重要意义。哈西娜总理对中国政府和人民的热情友好接待表示感谢，并邀请中国领导人访孟。双方同意继续保持高层交往势头。

附录二　关于境外投资主要的中国法律法规目录

一、《企业境外投资管理办法》

二、《中央企业境外投资监督管理办法》

三、《民营企业境外投资经营行为规范》

四、《境外投资管理办法（2014）》

附录三　有关境外投资争端解决的国际条约与法律规定目录

一、《关于争端解决规则与程序的谅解》

二、《关于解决国家和他国国民之间投资争端公约》

三、《联合国关于调解所产生的国际和解协议公约》

四、《中国国际经济贸易仲裁委员会国际投资争端仲裁规则（试行)》

附录四　孟加拉国政府部门和相关机构一览

（1）总统府，网址：http://www. bangabhaban. gov. bd/。

（2）总理府，网址：www. pmo. gov. bd。

（3）内阁部，网址：http://www. cabinet. gov. bd/。

（4）公共管理部，网址：www. mopa. gov. bd。

（5）财政部，网址：www. mof. gov. bd。

（6）司法和议会事务部，网址：www. minlaw. gov. bd。

（7）农业部，网址：www. moa. gov. bd。

（8）灾难管理及救济部，网址：www. modmr. gov. bd/。

（9）邮政电讯和 IT 部，网址：www. ptd. gov. bd。

（10）新闻和广播部，网址：www. moi. gov. bd。

（11）宗教事务部，网址：www. mora. gov. bd。

（12）船运部，网址：www. mos. gov. bd。

（13）外交部，网址：www. mofa. gov. bd。

（14）计划部，网址：www. mop. gov. bd。

（15）环境、森林和气候变化部，网址：www. moef. gov. bd。

（16）国防部，网址：www. mod. gov. bd。

（17）劳动和就业部，网址：www. mole. gov. bd。

（18）住房和公共工程部，网址：www. mohpw. gov. bd。

（19）商务部，网址：www. mincom. gov. bd。

（20）电力、能源和矿产资源部，网址：www. emrd. gov. bd。

（21）吉大港山区事务部，网址：www. mochta. gov. bd。

（22）民航和旅游部，网址：www. mocat. gov. bd。
（23）国土部，网址：www. minland. gov. bd。
（24）妇女儿童事务部，www. mowca. gov. bd。
（25）渔业和畜牧业部，网址：www. mofl. gov. bd。
（26）青年和体育部，网址：www. moysports. gov. bd。
（27）道路运输和桥梁部，网址：www. moc. gov. bd。
（28）工业部，网址：www. moind. gov. bd。
（29）教育部，网址：www. moedu. gov. bd。
（30）基础和大众教育部，网址：www. mopme. gov. bd。
（31）科技部，网址：www. mosict. gov. bd。
（32）社会福利部，网址：www. msw. gov. bd。
（33）水利部，网址：www. mowr. gov. bd。
（34）文化部，网址：www. moca. gov. bd。
（35）内政部，网址：www. mha. gov. bd。
（36）卫生和家庭福利部，网址：www. mohfw. gov. bd。
（37）独立战争事务部，网址：www. molwa. gov. bd。
（38）铁道部，网址：www. railway. gov. bd。
（39）侨民福利和海外就业部，网址：www. probashi. gov. bd。
（40）农村发展合作局，网址：www. rdcd. gov. bd。
（41）地方政府局，网址：www. lgd. gov. bd。
（42）纺织和黄麻部，网址：http://www. mojgov. bd/。
（43）粮食部，网址：http://www. moy. gov. bd/。
（44）孟加拉国国家银行，网址：www. bb. org. bd。

参 考 文 献

专著类

［1］陈利君等：《南亚国家经贸法律概述》，云南人民出版社 2011 年版。

［2］邹应猛等：《企聚丝路：海外中国企业高质量发展调查（孟加拉国）》，中国社会科学出版社 2020 年版。

［3］Hassan & Manirul, *The Prospect of FDI in Economic Development of Bangladesh*, LAP Lambert Academic Publishing, 2020.

［4］Guiguo Wang, Alan Yuk-Lun Lee & Priscilla Mei-Fun Leung, *Eseentials of the Laws of the Belt and Road Countries—Bangladesh, Pakistan, Sri Lanka*, Zhejiang University Press.

期刊论文类

［1］王习农：《投资促进有效性及其评价机制研究》，载《国际商务研究》2012 年第 1 期。

［2］周俊：《南亚国家投资壁垒及其对我国的影响、对策建议》，载《南亚研究季刊》2018 年第 3 期。

［3］詹芮：《论中国企业对孟加拉国投资的劳动法律风险及应对》，载《中国应急管理科学》2020 年第 7 期。

［4］［孟］朱拜尔·哈桑、钟锦秀：《孟加拉国鼓励新能源投资》，载《中国投资（中英文）》2021 年 Z2 期。

［5］何志鹏、崔鹏：《涉外法治：应对海外投资法律风险的良方》，载《国际经济法学刊》2022 年第 3 期。

［6］岳云峰：《后疫情时代孟加拉国电力行业转型发展及投资机会》，载《国际工

程与劳务》2023年第2期。

［7］王志刚、林继江：《孟加拉国矿产资源及其投资政策》，载《西部资源》2006年第6期。

［8］杨支萍：《孟加拉国投资环境系统分析》，载《国际经济合作》2006年第6期。

学位论文类

［1］詹锐：《跨国并购中的风险控制和公司治理》，华东政法大学2010年硕士学位论文。

［2］刘小辰：《纺织服装业“走出去”的市场环境分析——以东南亚国家为例》，苏州大学2018年硕士学位论文。

［3］周鹣：《“一带一路”背景下中国企业对孟加拉国投资风险研究》，首都经济贸易大学2020年硕士学位论文。

［4］罗雪英：《中国对南亚直接投资的贸易效应研究》，云南财经大学2023年硕士学位论文。

报告类

［1］《企业对外投资国别（地区）营商环境指南——孟加拉国（2021）》。

［2］《对外投资合作国别（地区）指南：孟加拉国》。

［3］《中国居民赴孟加拉国投资税收指南》。

［4］《“一带一路”共建国家基础设施发展指数报告（2023）》。

［5］《2022营商环境报告》，世界银行，网址：https://thedocs. worldbank. org/。

［6］《2023世界投资报告》，联合国贸易与发展会议，网址：https://unctad. org/publication/world-investment-report－2023。

［7］《2022年孟加拉国纺织厂协会报告》，孟加拉国纺织厂协会（BTMA），网址：https://btmadhaka. com/btma-annual-report－2023/#。

［8］2021 *Investment Climate Statements*：*Bangladesh.*

［9］*Investment Guide For Bangladesh.*

［10］*Bangladesh Investment Handbook—A Guide For Investors.*

［11］*Rock ‘n Roll in Bangladesh*：*Protecting Intellectual Property Rights in Music.*

［12］*Eseentials of the Laws of the Belt and Road Countries—Bangladesh*, *Pakistan*, *Sri Lanka.*

［13］Abul Kalam Azad，“ROCK ‘N’ ROLL IN BANGLADESH Protecting IP Rights across Borders”, *WIPO Magazine*, Semptember, 2007.

报纸类

[1] 刘旭:《沿着一带一路,走进“金色孟加拉”》,载《国际商报》2022 年 8 月 15 日,第 4 版。

[2] 周丽婷:《太阳照在帕德玛河上》,载《中国妇女报》2023 年 12 月 28 日,第 1 版。

电子文献

[1]《中孟两国双边条约》,载中华人民共和国外交部条约数据库网,http://treaty.mfa.gov.cn/web/list.jsp。

[2]《2022 年中国—孟加拉国经贸合作简况》,载中华人民共和国商务部网,http://www.mofcom.gov.cn/article/tongjiziliao/sjtj/yzzggb/202312/20231203463481.shtml。

[3]《孟加拉国概况》,载中华人民共和国驻孟加拉人民共和国大使馆网,http://bd.china-embassy.gov.cn/mgxx/gk/。

[4]《孟加拉国 2019—2020 财年年度项目开发规划》,载中华人民共和国驻孟加拉人民共和国大使馆经济商务处网,http://bd.mofcom.gov.cn/article/ztdy/201905/20190502865476.shtml。